精准说话

艺术

的

苏千语 主编

北方妇女儿童出版社

·长春·

图书在版编目（CIP）数据

精准说话的艺术 / 苏千语主编. -- 长春 ： 北方妇
女儿童出版社，2025. 4. -- ISBN 978-7-5585-9306-2

Ⅰ. H019-49

中国国家版本馆 CIP 数据核字第 2025HL5019 号

精准说话的艺术

JINGZHUN SHUOHUA DE YISHU

出 版 人	师晓晖
责任编辑	徐　巍
开　　本	710mm×1000mm　1/16
印　　张	9
字　　数	100 千字
版　　次	2025 年 4 月第 1 版
印　　次	2025 年 4 月第 1 次印刷
印　　刷	三河市南阳印刷有限公司
出　　版	北方妇女儿童出版社
发　　行	北方妇女儿童出版社
地　　址	长春市福祉大路 5788 号
电　　话	总编办：0431-81629600

定　　价　49.80 元

俗话说："打蛇打七寸。"这句话是告诉我们：做事只有把握住关键，才能取得成功。其实说话也是一样的，只有精准表达、把握重点，才能达到沟通的目的。

说话看似是一件很简单的事，只要嘴巴功能健全，就人人都能说。然而事实上，却有很多人因为话说不明白、说不到位而让听者一头雾水、颇感厌烦。由此可见，精准说话在人际交往中非常重要。

懂得精准表达的人，说话总是有的放矢，三言两语就能把话说到点子上，且表达清晰、有条理，让听者豁然开朗，可有效节省彼此的时间和精力。精准地表达可以显示出一个人清晰的逻辑、优雅的谈吐和灵活的应变能力，总的来说就是一个人综合素质的体现。掌握精准说话的技巧，小则可以在生活与工作方面春风得意，大则可以在国家社稷方面扭转乾坤。

你是一个真正会说话的人吗？如果你正因为一张口就迷失于繁杂、冗长、毫无重点的话语中而苦恼，如果你正因为不懂得精准表达而把事情办砸感到灰心，那么翻开本书吧，它可以在一定程度上帮你化解以上烦恼。本书内容翔实，从精简表达、抓住重点、听言辨心、花样说服、巧妙拒绝、说话因人而异等角度展开论述。书中的每一篇文章都经过了我们的精心挑选，均体现了人们在表达过程中可能出现的各种典型状况和问题。我们还结合大量事例对人们在表达方面遇到的问题进行了详细的分析，并给出相应的解决方法或建议，可操作性强，以供广大读者借鉴。

当然，想要把话说得精准，仅靠阅读是远远不够的，最重要的还要靠实践。你要积极与形形色色的人沟通、交流，还要有一颗勤奋好学的心，多向他人请教，必要的时候还可以花时间进行专门的训练。

非常感谢你选择本书，希望本书能在表达上给你带来一些助益。由于编者水平有限，书中难免有不足之处，欢迎广大读者提出宝贵意见，帮助我们改进。

C O N T E N T S
目　录

第 **3** 章　花样说服，把每一句话都说得恰到好处

第 **4** 章　学会拒绝，说"不"也要让人听着舒服

第 5 章　巧妙批评，忠言也可以不逆耳

第 6 章　因人而施，跟任何人都聊得来

第 **7** 章　说话有禁忌，危险雷区不可碰

第 **1** 章

精简高效，
三言两语把话说到点子上

说话当力求精简高效。言语不在繁多，关键在于精练；逻辑务必清晰，避免混乱；准确表达，杜绝歧义；保持清晰简练，不可啰唆。做到这些，仅需三言两语即可切中要点，使沟通更具效率，节省时间，提高交流质量。

言不在多，而在精

· · ·

"山不在高，有仙则名。水不在深，有龙则灵。"这句世界上直抵人心的话，却是最质朴简短的。

语言简洁，指的是语言表达要简明扼要，不蔓不枝，不拖泥带水。正如古人说的那样："言简而意丰，言简而意准，言简而意新。"

如果你是一个善于观察生活的人，那么你一定会发现，那些会说话、会办事的人往往话不是很多，但每说一句话都掷地有声、意义非凡，反而是那些喋喋不休的人最招人烦，他们的话就像懒婆娘的裹脚布——又臭又长，没有重点，没有主旨，白白浪费别人的时间。所以如果你想要让自己的口才真正得到提升，就必须尽可能地让语言简练起来，最好能在最短的时间内让对方明白你所表达的意思。

在剑桥大学的一次毕业典礼上，数以万计的学生聚集在大礼堂里，耐心地等待着丘吉尔的到来，这位伟大的人物将为毕业生进行演讲，主题为"成功的秘诀"。过了一会儿，丘吉尔在随从的陪同下准时到达，并慢慢地走入会场，走向讲台。

但是让人诧异的是，丘吉尔走上讲台，脱了大衣，摘了帽子，盯着大家看了一分钟之后，语重心长地说了这样十几个字："永远，永远，永远，永远不要放弃。"随后台下掌声响起，丘吉尔低头看着场下听众，良久后又挥动手臂，做出"V"形手势，缓缓地说了一句："永不放弃!"然后就穿戴整齐地离开了会场。

这次演讲就这样结束了，大家先是不知所以、鸦雀无声，随后心领神会、掌声雷动。

丘吉尔先生，这是我听过的最精彩的演讲!

因为"永不放弃"正是我唯一的成功秘诀。

这是一次特别的演讲，也是最精彩的一次演讲。丘吉尔仅仅用了十几个字，就将演讲的精髓表达了出来。语言贵精不贵多，丘吉尔就是因为明白这样的道理，所以才会呈现出那样的演讲。

这个道理，也可以从曾经发生在马克·吐温身上的一件趣事得到验证。一个星期天，他去教堂，恰逢一位慈善家在那里做演讲，演讲的内容主要是慈善家在非洲的苦难生活。当慈善家讲了 5 分钟后，他马上决定做一件有意义的事情——捐助 50 美元，但在那之后，慈善家的演讲每超过 10 分钟，马克·吐温就把自己捐助的善款收回一部分，善款由原来的 50 美元变成了 25 美元，再由 25 美元变成了 5 美元。一小时后，当慈善家拿起钵子向大家请求捐助，从马克·吐温面前走过时，马克·吐温反而从钵子里拿走了 2 美元。慈善家原本可以从马克·吐温那里获得 50 美元的捐助，但由于他的絮絮叨叨，最终使自己倒贴了 2 美元。

马克·吐温的做法看起来似乎在意料之外，但细想起来，却又在情理之中。鲁迅说过："时间就是生命，无端地空耗别人的时间，其实是无异于谋财害命的。"慈善家之所以倒贴 2 美元，就是因为他耗费了马克·吐温的时间和生命。

从这个故事里我们可以吸取一个教训：在 5 分钟里能说完的事儿，千万不要拖上一小时，否则说的人累，听的人更累。为了取得双赢的效果，长话短说、言简意赅才是最好的表达方式。

逻辑要清晰，表达要精练

· · ·

即使食物再美味，吃多了也会腻；就算话语再动人，听多了也会厌烦。在与他人沟通时，只有保持话语简洁精练、条理清晰，才能让人抓住重点，节省彼此的时间和精力。

有些人性格开朗，十分喜爱表达，经常滔滔不绝地说个不停，以为自己非常合群。但实际上，他们啰啰唆唆，说起话来毫无逻辑，还常常不清楚某些场合下的交谈规则。这种人虽然没有任何恶意，但与他们相处，总会让人觉得十分伤脑筋，让人想远离他们。

有一家科技公司要给领导配专属助理，有两位候选人进入了最后一轮面试，他们需要向领导介绍自己的优点，以便领导能做出决定，选择其中一位。

第一位候选人先是详细叙述了自己的工作经历，介绍了自己的工作经验，最后又进行了总结，表明自己的决心："如果我今后有幸能够成为您的助理，我一定随叫随到，而且一定会做好自己的本职工作。另外，我还会严格按照公司的规章制度来办事，确保您的工作顺利……"这位候选人洋洋洒洒地说了一大堆，事无巨细，生

怕漏说了哪一项而导致自己面试失败。

　　第二位候选人的话比第一位候选人少多了，他介绍自己的优点时只花了大约一分钟。他说："在之前的工作中，我一直坚守着三条原则：第一，认真做事；第二，用心做人；第三，坚守诚信。如果今后有幸能为您工作，我也一定会将这三条原则坚持下去，更好地为您服务。"

　　领导最终决定留下第二位候选人。试想一下，如果你有选择的权利，那么你会留下哪一位做助理呢？想必你也会做出与上述领导相同的决定。第二位助理的话虽然不多，但条理清晰、简明扼要，而且句句都说在了关键之处。这位助理言简意赅地展露出自己的长处，既让对方很快抓到了重点，又显示出了自己条理清晰、易于相处的优点，增加了被录取的可能性。

　　还有一个笑话，其中隐含的道理值得我们深思。

某个部队，团长对值班人员下达的命令是这样的："大约明晚 8 点，我们可能会在这个地区看到哈雷彗星，这种彗星要每隔七十六年才能看到一次。命令所有士兵穿着野战服在操场集合，我将为他们详细说明这个稀有的天文现象。如果下雨，就将集合地点改为食堂，我会为他们放映一部与彗星相关的影片。"

值班人员向营长传递消息时缺少了部分内容："传达团长的命令：明晚 8 点，哈雷彗星将出现在操场上空，如果下雨，就让所有士兵穿着野战服直接去食堂，这个每隔七十六年才可能看到的现象将会出现在那里。"

营长向连长传递消息时，命令有了很大变动："传达团长的命令：明晚 8 点，罕见的哈雷彗星将穿着野战服出现在操场。如果下雨，团长就会下达另外的命令，这个命令每隔七十六年才会有一次。"

连长向排长传递消息时是这样说的："明晚 8 点，团长将带着哈雷彗星出现在操场，这是每隔七十六年才会出现的事。如果下雨，团长将命令哈雷彗星穿着野战服去操场。"

排长向班长传递这次的命令时，它已经"面目全非"了："明晚 8 点下雨的时候，团长将陪着 76 岁的哈雷将军穿着野战服，开着'彗星'牌汽车，从操场前往食堂。"

一个命令经由不同的人层层传递，最终被传得完全违背原来的意思了，笑点十足。产生这样的结果，中间负责传达命令的人当然有不可推卸的责任，但与最开始下达这道命令的人也有一定的关系。如果他能以更加简明扼要、条理清晰的语言表达出来，也就不至于产生这么大的误差了。

很多人在讲事情或是表达想法时总是想到什么就说什么，上一

句话还没说清，下一句话就已经跑出了很远，再下一句可能又在重复解释第一句的内容，既没有条理，又显得十分啰唆，让人摸不着头脑。这样的人一定会招人厌烦，与这样的人共事也很让人头疼。

那么，如何才能让谈话变得精简呢？

① 不要忘记说话的目的

牢记自己说话的目的，是让谈话内容变得精简的好方法。当你忘记自己与对方交谈的目的时，说话便会轻松随意，想到什么便说什么，话语自然也就啰唆且没有条理了。如果你能够牢记自己说话的目的，总是注意找准时机将谈话引向自己想要的方向，那么你的话语就会精简很多。

② 注意观察听话者的反应

当听话者明显心不在焉、十分无聊时，你就要注意了。也许对方已经因为你的话语太过啰唆而感到无趣甚至厌烦。这时，你应该精简自己的语言，如果没有什么一定要说下去的事情，那么适时结束自己的话语是很好的选择。

③ 不要总是以自我为中心

在交谈时摆正自己的位置，是避免让人感觉谈话冗长的好办法。不以自己为谈话的核心就给了听话人更多说话的机会，让一个人的"演讲"变成两个人的"交谈"，自然也就不显冗长了。

啰唆、没有条理是表达上的弱点，请学会精简、整理自己的语言，毕竟没有人会愿意为一堆废话买单。

不可不知的精准表达技巧

· · ·

　　美国思想家、文学家埃默森曾经说过："用刀解剖关键性的字，它会流血。"由此可见，关键性言语是有生命力的。一句话既可以让两人亲密无间，也可以使彼此反目成仇。如果你不会精准表达，就可能会因为说错话而得罪人，因为话说不到点子上而达不成自己的目的，或者是不知道自己该说些什么、该怎么说。

　　无论任何时间、任何场合，言语的沟通都直接关系到人际关系的好坏。东汉末年的名士祢衡是一个很有才华、伶牙俐齿的人，但是他恃才傲物，不将权贵放在眼里。权臣曹操曾让他来朝廷当官，他却看不起曹操，时常口出狂言。曹操因此大怒，但碍于祢衡的名气大，于是将他派到荆州牧刘表那里。祢衡这次学乖了一些，满口称赞刘表，但又讽刺刘表手下的人不学无术，于是这些人一起在刘表面前诋毁祢衡，祢衡又被派到江夏太守黄祖那里。黄祖性情急躁，一开始还能善待祢衡，后来没想到祢衡却因为一件小事口无遮拦而惹怒黄祖，被黄祖杀死。我们一定要以祢衡之事为戒，以免口无遮拦，到处得罪人。

在与其他人沟通的过程中，我们要讲究方式方法，表达要精准，不能随心所欲、信口开河。具体来说，我们要注意以下几方面。

1 三思而后"言"

俗话说："病从口入，祸从口出。"如果一个人说话口无遮拦，就很容易中伤别人，惹来祸端。作为一个成熟的人，说任何话之前，都该先想想自己要说什么、该说什么。如果你是一个心直口快的人，那么说话之前先换位思考一下，如果别人那样对你说，你会不会感到不舒服。在很多情况下，如果能多花一些时间，设身处地为他人着想，就不会因为言语不当而得罪别人了。

2 失言时立刻致歉

孔子曰："人非圣贤，孰能无过？"错不是不可以犯，关键是犯了错以后要勇于承认，并且致歉。当你察觉到自己说了一些不该说的话时，应马上设法更正，同时留意他人的言语或其他方面的反应，借以判断是否需要道歉。如果你说的话的确不得体，那么就该立即跟对方说对不起，不要找借口，不然会有损自己的形象。

3 和别人沟通，不要和别人比赛

有些人性格比较强势，在和别人谈论某个观点的时候一定要分出个胜负来。在这种思想的支配下，他们常常会在他人说的话里寻找漏洞，也会为了某些细节而与他人争论不休，或常纠正他人的错误，借此炫耀自己知识渊博、伶牙俐齿，这种把交流当作比赛的人很容易引起别人的反感，给人留下不好的印象。

这些人都忽略了重要的一点：交谈是彼此交换信息与想法的过

程。明智的人是以彼此交换信息与想法为目的来交谈的，他们不会选择竞赛式的谈话方式，而是采用一种随意的、不具侵略性的谈话方式。这样的沟通方式更容易为对方所接受，更有利于彼此的交流合作。

④　挑对说话的时机

跟人沟通时，一定要选一个对方已经准备好聆听的时机。否则，你只会浪费力气，对牛弹琴，白白错过了让别人接受意见的大好机会。另外，如果你碰到一些比较敏感或者涉及隐私的话题，也要寻找合适的时机，千万不能在公共场合或有其他朋友、同事在场时谈论。还有，当对方感到烦躁时，要尽量避免继续谈论下去。

⑤　对事不对人

在日常生活中，我们常常会有一些不愉快的交流体验。比如，

有些人唠唠叨叨，非常烦人；有些人爱抱怨、生性悲观、拖拖拉拉，又老爱编一大堆借口。如果身边人的这些行为已经严重影响了你的心情，那么可以适当地提醒他一下，让他明白自己的哪些行为应该做出调整，而不是一味地要求改变他的个性。改变一个人某些特定、确切的行为，要比改变其个性容易得多。

6　了解别人的感受

在与别人交流的时候，一定要顾及对方的感受。很多时候，如果你能将心比心，就不会说出那么多不得体的话。比方说，如果你的父母很担心你的投资计划不够周全，你就不要对他们说："你们管好自己的事情就行了，我又不是小孩子了，我有支配自己金钱的权利，我要怎么花那是我的自由！"这种充满稚气的典型防卫性话语无法增加父母对你的信心。你应该想想父母说这话时他们心中的感受。他们这么说也许只是怕你考虑不成熟，投资失败，从而让自己辛辛苦苦赚的钱打了水漂。所以，面对别人的批评或某些让你不悦的行为，只要能找出背后真正的原因或需求，就完全可以用另外一种得体的交流话术去解决问题。

7　聆听他人的回馈

沟通是双向的过程。既要通过说话来传递自己的信息，又要通过聆听来接收别人的信息。如果你仔细聆听别人对你的意见的回馈或反应，就能确定对方有没有在认真听你说话，是否已了解你的观点或感觉，而且在此过程中可以了解到对方关注的重点是什么。

越是遇到问题，表达越要清晰简练

在遇到一些问题时，例如被他人诽谤、中伤时，许多人会情绪激动、慌慌张张，难以清晰明了地为自己辩白，无法让他人相信自己，于是，他人对自己的误会越来越深。遇到这种情况，只有保持冷静，讲清道理，才能使人信服，从而维护自己的尊严。

《战国策》中记载了这样一个故事：

战国末期，燕、赵、吴、楚四国结成了联盟，为攻打秦国积极做准备。客卿姚贾主动请缨出使四国，消除危机。于是，秦王为姚贾准备了丰厚的物品作为赠予他国的礼品。

姚贾离开了秦国，逐一前往四国。此次出行后，姚贾不仅阻止了战事，还与四国建立了和平、友好的外交关系。秦王对此非常高兴，对他大加封赏。

韩非听闻此事后，向秦王进言道："姚贾以珍宝重器作为礼品，出使楚、吴、燕、赵等地足足有三年，这些国家与秦国的合作未必是真心实意的，但秦国的珍宝已散尽。姚贾是想借大王的财势，私自与各路诸侯、权贵相勾结，请大王明鉴。更何况，姚贾只不过是魏都大梁一个守门人的儿子，还曾在魏国做过盗贼，又是赵国的逐臣，这样的人怎么可以参与国家大事呢？"

秦王被韩非的话说动了，于是叫来了姚贾，问道："我听闻你私自用秦国的财产结交各国诸侯、权贵，可有此事？"

姚贾说："确有此事。"

秦王一听，勃然大怒："那你还有什么面目来见我？"

姚贾不慌不忙地说道："昔日曾参孝敬父母，所有人都想要拥有这样的儿子；伍子胥尽忠报主，所有诸侯都想要得到这样的臣子；贞女女红出众，所有男子都想要迎娶这样的妻子。我对大王一片丹心，可大王却不得而知。如果我不给那四个国家的权贵、诸侯献上重礼，他们怎么可能归顺秦国呢？如果我不忠于大王，那四国之君怎么会信任我呢？夏桀听信了谗言，杀害了忠臣关龙逄；纣王听信了谗言，杀了忠臣比干，结果都身死国灭。如今，大王倘若听信了谗言，那么想必以后就不会有忠臣良将为您出力了！"

秦王犹豫了片刻，又说："听说你出身低微，而且曾经有过偷盗行为，还被赵国驱逐出境。"

姚贾仍然坦然自若地回答道："姜太公曾被老婆赶出家门，在朝歌时，身为屠户却连一块肉都卖不出去；在棘津时，想要做劳力却无人问津，后为子良做家臣也终被驱逐。可周文王慧眼识珠，重用了姜太公，最终姜太公立下了不朽之功。管仲原本只是齐国边境的一个小商贩，在南阳时一贫如洗，在鲁国时还曾被监禁，但齐桓公却重用了他，建立了霸业。百里奚起初不过是虞国的乞丐，只需要五张羊皮便可以买下他，秦穆公因起用他为宰相而使西戎来朝。这三位贤人皆出身低微，身负恶名，可最终都因为被明主重用而为他们所在的国家立下了赫赫功勋。因此，明主是不会过于计较臣子的过往，不会盲目听信他人谗言的，他们只会考察臣子们的忠诚与能力，然后度量任用。但凡能使江山稳固、国家安定的君王，不会听信谣言，不会封赏有名无功之人。这样，臣子们就不敢寄希望于只凭虚名就能得到国君的重用了。"

秦王说："确实如此。"于是，秦王仍然派遣姚贾出使各国，并责罚了韩非。

姚贾并没有因为被诬陷而张皇失措，他采取了理据结合的说服方式来劝说秦王，逻辑缜密、表达清晰。在道理与依据面前，秦王成功被姚贾说服。

当我们遭遇姚贾所面临的情况时，如何才能快速而清晰地将自己的想法表达出来呢？具体说来，需注意以下两点。

1　讲话的速度要合适，声音的大小要适中

在与人交谈时，首先要注意自己的说话速度。如果因说话过快而使字音不清，令对方无法听清，那么所说的话等于在做无用功。如果所说的话虽清晰但太快，那也不值得推崇，因为对方可能没有足够的时间反应。语言是沟通的工具，说话是为了使聆听者听清、听懂自己的意思，如果对方听不清、听不懂，就是在浪费时间。因此我们讲话时要注意调整语速。

另外，说话的音量也要适宜，尽量不要太大声。当然，在火车站、建筑工地等声音嘈杂的地方除外。在正常情况下的音量没有必要也不应该过大。尤其是在本该安静的场合，音量过大会使对方产生不舒服的感觉。那么，音量过小是否可行呢？也不可以。除近距离地说悄悄话外，音量过小会导致对方无法听清你的话语，只得再次询问，如果同一句话询问了多遍，对方必然会产生厌烦的情绪，给沟通造成障碍。

说话的语速应合适，音量应适中，使声音缓急有致，使你的语言充满情感。

2　逻辑清晰，语言简练

有些人在叙述事情时，说了许多话还是不能清晰地表达出自己的意见，导致听者花费了不少时间与精力，却依然不明白说话者的目的。所以，在描述复杂的事件时，可以先在大脑里打好一个草稿，拟出几个要点，让自己的逻辑更加清晰、语言更加精练。

遇到问题时，如果你不能够清晰、明确地将自己的想法表达出来，那么即使你的理由足够充分，也难以和对方沟通。因此，想要沟通，先要保证自己的话语足够清晰简练。

第2章

懂点儿心理学，
把话说到对方心窝里

懂点儿心理学，好处多多。听言辨心，了解对方真实想法；察言观色，读懂情绪变化；巧用同理心，拉近彼此距离；听懂弦外之音，避免误解……让我们掌握这些技巧，把话说到对方心窝里，更好地与人沟通交流，建立和谐的人际关系。

听言辨心，领会真实意图

· · ·

　　在现实生活中，很多时候，人们会选择委婉地表达自己的意思。俗话说："锣鼓听声，说话听音。"作为倾听的一方，我们不仅要听懂别人话语表面的意思，而且要听懂别人话语里潜藏的深意。

　　在人际沟通中，只有听明白别人话语里的深层含义，领会别人想要表达的真实想法，我们才能有更多的周旋余地与应对空间，在人际关系中才能更好地左右逢源、进退自如。

　　刘裕因军功被封为宋王，权倾朝野，野心勃勃。一日，刘裕宴请诸大臣。在酒宴上，刘裕对众人说道："我举义旗，除奸凶，安社稷，戎马一生。如今，四海升平，我愿已足。衰病之身，只盼去官还爵，在京城做个富翁以享晚年，便再无遗憾！"

　　众人听他这么说，纷纷劝慰与恭维刘裕道："宋王高义，但是朝廷不可一日无宋王，还望宋王不辞辛劳，继续扶保皇帝、维系社稷。"宴会之上，只有傅亮默不作声，因为只有他听出了刘裕话语里隐含的深意。

　　散宴之后，傅亮单独面见刘裕，他没有多言，只说了一句："微臣愿意替宋王去京师走一遭。"闻言，刘裕喜不自胜，但并不说开，只是问傅亮："不知需要多少人为你送行呢？"傅亮答道："数十人足矣。"

不久，傅亮进京逼迫皇帝写下了禅位诏书。就这样，刘裕顺利登基称帝。当然，刘裕甫一登上帝位就厚赏了傅亮。

傅亮听懂了刘裕话语中的隐含之意，由此获得了极大的现实利益。其实，人心、人情、人性，以及听话的技巧、交际的艺术，从古至今没什么差别。掌握"听话听音"这门学问，无论在何时都非常重要。只有精通"听话听音"，我们才能更为真切地了解对方的真实想法，从而做到机智应变，使自己永远立于不败之地。

那么，如何才能领悟对方的真实想法呢？

1　知人未尽之意

纪伯伦曾说："了解一个人，不是去听他说出的话，而是去听他没有说出的话。"

通常而言，一个人不会在言语中直白地表述自己的真实诉求，但他的情绪、情感及意见总会在其表述的过程中露出蛛丝马迹。而要想听懂别人话语里的弦外之音，首先自己要有一颗敏感的心。

田野里住着一户人家，虽然他们辛勤耕作，但日子过得还是很清苦。

一日，有远房亲戚来访。主人与远房亲戚相谈甚欢，为此特意置办了一桌酒席款待客人。酒菜虽然不丰盛，但也是倾尽主人全家之力才凑得一桌还算看得过去的酒席。

不承想，酒足饭饱之后，远房亲戚并没有打道回府的意思，反

而在主人家住下了。一连数日，主人都尽心招待，但是日益感到吃力，已是捉襟见肘。为此，主人很是苦恼，但又抹不开脸面直言送客。

一天，主人在陪远房亲戚闲谈的时候，看见有一只鸟正歇在自家庭院的树上躲雨。他灵机一动，对远房亲戚说道："您不嫌鄙室寒陋，陪我吃了这数日来的苦，而我却拿不出什么像样儿的菜肴招待您，实在是惭愧之至！"

"千万别这么说，您对我照顾得已经足够好了，我心中不知有多感激您！"远房亲戚连忙说道。

"不，不，不，那是因为您不嫌弃！"主人连连摆手道。

"我说的是真心话，有您的照顾，我是吃得好、睡得好，不知道多么快活。"远房亲戚一副知足的神情。

"您看到树枝上停歇的那只鸟了吗？"主人突然问道。

"嗯，我注意到了，怎么了？"远房亲戚不解地问道。

"没什么，我只是在想，或许我应该砍了那棵树，将那只鸟抓来做我们的下酒菜。不然，我们饮酒的时候怕是没有下酒菜了。您觉得我的主意怎么样？"主人看着远房亲戚意味深长地说道。

远房亲戚一听主人的话，呆了半晌，然后面带惊疑地说道："您怎么会有这样的想法？当您砍树的时候，那鸟怕是早就飞走了！"

主人愕然，没想到世上还有这般呆愚之人，于是没好气地说道："那鸟一看就是只呆鸟，即便大树倒了，它也是不知道要飞的！在这人世间，多的是如这呆鸟一般不懂人情世故的家伙！"

不懂人情世故的远房亲戚没有听出主人的弦外之音，结果成了不受欢迎的人。在人际沟通中，若我们无法敏锐地洞悉别人话语里的弦外之音，就很有可能像故事中的远房亲戚那般陷入糟糕的人际关系之中。

② 辨人心思，善听话音

《礼记·乐记》有云："凡音之起，由人心生也。人心之动，

021

物使之然也。感于物而动，故形于声。声相应，故生变。"人们内心世界的诸多活动，必然会在声音上有所体现，是为"心气之征，则声变是也"。反过来，我们就能从中得到很好的启示，就能于别人的话音中了解其心、了解其人。

春秋时期，郑国大夫子产外出巡察，路上看到一个女子正在一座新坟前哀悼亡夫。中年丧夫，世所大悲，众人见了莫不心生悲悯。然而，子产却命令随从立即逮捕那名女子。众人不解，无奈只得依令而行。审问之下，才知那女子与人私通，谋害了亲夫。

事后，有好事之人询问子产："为何您能明辨原委、洞悉奸邪？"

子产解释道："听那妇人的哭声，没有哀恸之情，反蓄恐惧之意，故疑其中有诈！"

可以看到，子产正是善听话音，所以才能准确识别那妇人的真实面目。由此而推及人际沟通的一般场景，善听话音，我们就能更好地洞察一个人的内心世界。知其内心之所想，知其情绪之起落，知其人性之善恶，就能更好地指导我们避恶趋善、圆融地处理人际关系。

总的来说，我们在日常生活，特别是在人际交往中，要具备敏锐的洞察力和理解力，不仅要关注对方说了什么，更要关注他们是如何说的，以及他们的语气、语调和表情等非语言因素，从而更准确地把握对方的真实意图和情绪。

巧用同理心，
让你无往不利

· · · ·

同理心也可以理解为"共情""共感"等，是指在人际交往的过程中，能够站在他人的立场与角度体察对方的想法、理解对方的感受。简单来说，就是换位思考、将心比心，只有切实站在他人的立场上看问题，才能真正理解他人的想法，自己的言行才能触动对方的心理。

当我们要说服别人或向别人解释的时候，同理心是非常重要的因素。原因很简单，我们在劝说别人或做出解释时，最看重的就是对方能否接受。如果我们滔滔不绝地说了一大堆，但对方完全不能接受，那么，之前所做的一切都是无用功。而想让对方从心底里认同、接受我们的观点，我们应当用同理心去感受对方的想法，弄清对方的心结所在，了解对方想要怎样的问答，这样才能"妙语回春"。

蕾蕾是一家汽车店的经理，王姐是她最近的客户。王姐想买一辆性能好、油耗低的车，为此她前前后后花了快一个月，在蕾蕾的陪同下看了不少车，终于确定了下来，交了定金，准备过几天来正式签合同、提车。

可是，王姐离开店没多久就返了回来，她有些迟疑地问蕾蕾："蕾蕾呀，我觉得我好像还没考虑清楚，刚才的决定有点儿冲动了，我……我能不能先不定了，把定金拿回来呀？"

蕾蕾看着王姐的样子，看出她其实不是不想要这辆车，只不过是因为突然要花一大笔钱，所以心里很不舒服。于是，她对王姐笑了笑，让她坐下来缓和了一下情绪，然后说："王姐，我特别能理解您的心情。之前我也遇到过好几个跟您一样的客户，他们交了定金后，心里反而踏实了，您是不是也是这样？"王姐没想到蕾蕾完全说中了自己的心思，连连点头，说："你说得太对了，现在我这心里七上八下的，慌极了。"

蕾蕾笑着说："您有这种感觉太正常不过了。您想呀，现在攒钱多不容易呀！您担心一下投入了一大笔积蓄，买完之后发现车子有些地方不合自己的心意。这些想法憋在心里，当然会弄得人心慌意乱的，恨不得拿回定金。您现在就是这样吧？"

这些话戳中了王姐的心，她不自觉地抬起了头，看着蕾蕾说道："你把我的想法都说透了，我现在心里的确挺慌的，也不知道这辆车买得对不对。"

蕾蕾又开解道："王姐，您也知道，人面对新鲜事物时总是有些慌乱的。您好不容易找到了合适的车子，再也不用挤公交、挤地铁了，对于全家人来说都更便利了，虽然一开始会感到不适应，但好处也是实实在在的呀。"王姐听完也如释重负地松了一口气。

看到王姐的反应，蕾蕾接着说道："而且，您放心，我们是正规公司，无论车有任何问题，我们都会负责的。您看，您还有什么顾虑吗？"

　　王姐本来就已经放下心了，再一听这话就像又吃了颗"定心丸"，于是说："你说得太对了，我其实只是有些慌，现在我想好了，过两天一定过来签合同。"

　　眼看一个订单就要化为泡影了，这对蕾蕾来说实在不是一个好消息。但她没有就此放弃，而是充分运用了同理心，想他人之所想，慢慢为客户剖析了她心里存在的顾虑，将客户心中的想法清清楚楚地阐述了出来，理性又贴心。她所说的就是客户所想的，客户怎么会不信任她呢？因此，如果能带着同理心去沟通、交往，那么所说话语也就更能打动人心。

　　王元两天前在商场里买了一件衬衫。回家后，他马上就兴冲冲地穿上了。可谁知刚穿了不到两天，衬衫就开线了。王元生气极了，下了班就直奔商场的售后中心，要去讨个说法。售后中心的经理听完王元的抱怨，接过衬衫仔细看了一下，生气地说："要是我买了这样的衬衫，肯定也会像您一样生气。不对，应该会比您还气，恨不得把这家店都给拆了。您放心，我会让这个商家负责的！"听了这番话，王元的怒火逐渐消了下去，本来他打算大闹一场的，但现在，他只是换了一件新的衬衫就离开了。

　　售后中心的经理运用同理心，站在对方的立场上，成功化解了对方的怒火，避免了一场争执，也达到了说服对方换货而不退货、索赔的目的。以同理心观察、感知对方的心理，明白对方的心结在哪里，弄清对方的真实意图，这样才能达到说服的目的。

　　那么，怎样才能掌握同理心呢？

1　学会理解他人

　　想要掌握好同理心，我们首先应当学会站在对方的角度思考，体会对方的感受，这样才能得到对方的理解。哪怕你的观点再正确，也不能直接将自己的想法强加给对方，因为没有人愿意与那些无法理解自己的人进行深入交流。如果你表现出理解对方感受的样子，相信对方就会感到温暖，从而卸下心理防备与你交流。只有不设防地沟通、交流，对方才会尝试去理解、接受你的想法与观点，这样，交流才能愉悦，说服才能更加有力。前文的售后中心经理就是这样做的，效果立竿见影。

2　学会体贴他人

　　关心、体贴他人也能体现你的同理心。在平时的生活中多多关

心、体贴他人，用你的同理心来体谅对方，这样便能与对方友好相处，取得对方的信任。当你需要说服对方时，也更容易成功。

人与人之间的交往非常复杂，每个人的脾气、秉性都不相同，少不了意见不合的时候，这时我们就要运用同理心，多站在对方的立场上思考、感受，将心比心，试着理解、接受对方，这样才能使心与心靠得更近，才更容易取信于对方。

③　不要随意评判别人

有同理心的一个重要标志就是不会随意评判别人。人总是会轻易地评判别人，以至于还未弄清楚事情的真相就已经给他人贴上我们脑中臆想出来的标签。若你乐于通过肆意评判或者诽谤他人来宣泄自己的情绪，那就得好好反省一下了：若别人随意地评判你，你会做何感想？

综上所述，与人打交道时，要有意识地培养自己的同理心，如此才能更好地理解别人的言行，修正自己在认知上的偏见，从而给自己创造良好的社交关系。若我们都能以同理心待人，或许我们眼中的世界将会具有别样的色彩。

听懂弦外之音，交流畅通无阻

· · ·

在人际交往中，出于种种原因，说话人可能不方便直接表达出自己心中所想，而是采用一种隐晦的说法。在这种时候，听者如果不能听懂对方的弦外之音、听不出对方真正的想法，而是根据表层含义去应答，那么双方势必无法达成共识。如果听者能听懂话外之意，那么沟通自然也会顺畅许多。

据说，明朝开国皇帝朱元璋曾当着几位官员的面作了一首诗，诗中这样写道："百僚未起朕先起，百僚已睡朕未睡，不如江南富足翁，日高丈五犹拥被。"当时，江南有一位富翁，名叫沈万二，这时正在京中作客，他非常关心朝中的情况。在朱元璋作诗三天后，沈万二就从自己做官的朋友处得知了这首诗。听完此诗后，沈万二立即意识到朱元璋已经决心整治江南富商了，于是他回到家后，广散家财，只带着家人和一小部分钱财躲到偏远的地方隐居了起来。果然，不到两年，朱元璋就整治了江南富翁。大批富翁的家财被充公，人也被流放，好不凄惨，其中就包括江南首富沈万三。沈万三是沈万二的弟弟，虽然之前哥哥警告了他，他却不以为意，结果被流放云南。沈万二因领会皇帝诗中的弦外之音而躲过一劫。

人的心理、欲望、目的等都是通过语言直接或间接地表达出来的，会说话的人都懂得如何准确分辨说话人的话语中是否暗含未尽之意，然后再决定自己说话的方式与内容。可以说，他们说话时经过了慎重思考，是有选择、有针对性地说话。与这类人交流时，人们可以放心地以一种隐晦的方式说出那些不好意思直白道明的话，不必担心对方听不懂，也不必将所有的事都说透，谁不愿意与这类人交往呢？

的确，在人际交往中，为了顺畅地交流和沟通，人们应该学会听懂弦外之音。那么，究竟怎样才能听懂说话人的弦外之音呢？通常来讲，若出现下列几种情况，那么对方说的话中很可能藏有言外之意。

第一，对方想插言，但又欲言又止、支支吾吾，此时可以结合刚才自己说过的话来推断对方想说的话。

第二，对方在个别音调特意重读时，要仔细思考对方的意图是什么。

第三，当对方在谈话时突然停了下来，要领会对方的意图。

第四，当对方突然改变了谈话的语气时，要留意对方是否有弦外之音。

第五，当对方认真地与你对视并重复说了某句话时，要仔细分辨对方话语的弦外之音。

第六，若谈话结束，且对方有特殊的行为举止时，要仔细领会对方的想法。

第七，当对方对你不经意的言语表现得十分关注时，要对此有

所注意。

第八，当对方故意做出某种暗示性的动作或表情时，要弄懂对方的意思。

清楚说话人在何时可能说出带有弦外之音的话语只是基础，想要准确辨别他人的弦外之音，就要清楚人们在表达言外之意时采取的方法。通常情况下，人们表达言外之意的方法主要有下列几种。

① 比喻表意法

比喻是文学创作时经常使用的修辞手法，在日常交谈时人们也经常使用。谈话双方以相通的知识为前提，借以表达真实的意图。

有名男子到了 30 岁还不想结婚，她的母亲对此十分着急，劝告他说："你可不是皇帝的儿子呀！"

男子完全没有在意，回答道："别担心，妈妈，大海里多的是鱼！"

"话是没错，孩子，"妈妈笑了笑说，"但鱼饵放的时间长了就没有味道了！"

整段对话完全没有提"结婚"二字，但通过"皇帝的儿子""大海里的鱼""鱼饵"等比喻清晰地表达出了说话人的意思，同时让谈话氛围轻松活跃，毫不僵硬。

② 委婉迂回法

在某些场合、某些情景下，有些话不能明说，也不好明说。于是，人们经常会采用旁敲侧击的方法来表达自己的想法。

南朝齐高帝酷爱书法，他曾与书法家王僧虔一起研习。有一次，齐高帝心血来潮问王僧虔说："我们两人的字谁的更好？"对于王僧虔来说，这实在是个棘手的问题：若说齐高帝的字胜于自己，则既有欺君之嫌又是违心之言，还可能会被皇帝认为是溜须拍马；但若说齐高帝的字逊于自己，又会令高帝难堪，甚至可能导致高帝与自己离心。王僧虔略微思考后回答道："我的字是臣中最好的，而您的字是君中最佳的。"

历史上的皇帝就那么几个，而历朝历代的臣子却数不胜数，王僧虔的言下之意已经十分明了了。齐高帝听懂了王僧虔的弦外之音，哈哈一笑，没有再提起这件事。

王僧虔以委婉的方式说出了自己的真实想法，而齐高帝听懂了王僧虔的弦外之音，顺着话语揭过了这件事，维持了君臣之间的稳定与和谐。

③ 一语双关法

一语双关是一种修辞方式，表面上是在说甲，而隐藏的意思却

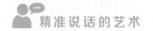

是在指乙。由于汉语中有许多一词多义、音同字不同的现象，所以人们经常用双关语来表达言外之意。

相传，清末著名政治家李鸿章有一个远房亲戚，虽然他才学不高，却对功名十分热衷，总是想借与李鸿章的关系来谋取功名。在某次考试中，这个人打开试卷后发现自己完全不会作答。时间流逝，眼看就要到交卷的时间了，他突然急中生智，在试卷上匆忙写下了"我乃李中堂大人的亲妻"几个大字，希望借此关系被考官录取。考官在批阅试卷时注意到了这份"奇特"的试卷，看答卷人竟然错把"戚"写作"妻"，于是提笔便在试卷上写下了"所以我不敢娶你"的批语。"娶"音同"取"，考官以双关的"错批"对应试卷中的错字，令人在嬉笑中明白了考官的意思：胸无点墨之人即使有靠山，也是不可能被录取的。

在生活中，我们每个人几乎都会碰到这种带有弦外之音的沟通和交流，如果我们能够根据当时的情况准确分析说话人的言语，就能够正确理解对方的心思，读懂说话人的真正目的，这样就能大大改善我们的沟通效果。如果说沟通是建立人与人之间关系的桥梁，那么读懂他人的弦外之音则是通往他人心灵的桥梁，它会让他人对你另眼相看，也会让你的人生道路更加通畅。

察言观色，直抵人心

· · ·

　　高效的倾听是听觉与视觉的结合。如果一个人在倾听的时候能懂得察言观色，从"心理语言"和"行为语言"来了解一个人，那么他一定能在时间较短、信息较少的情况下做出合理的决策。

　　察言观色是社交活动中必不可少的一项技能。掌握了这项技能，我们就不容易被自己的直觉欺骗。聪明的人不仅能从一个人的言辞中琢磨出其品性，还能从他的表情、眼神、衣着、坐姿、手势中窥探出其内心活动。

　　另外，学会察言观色并不难。在我们的日常生活中，通过观察做出决断的现象很常见。出门时我们都非常注意天气的变化，如果天气炎热，我们会穿较薄的衣服；如果天气寒冷，我们会穿一些厚的衣服；如果刮风下雨，我们会带伞出行；如果天气状况十分糟糕，我们便会尽量避免在这样的天气出行。总而言之，每一个决断都是通过观察做出的。同样的道理，如果你忽视了交往中"天气"的变化情况，不会察言观色，则会给自己的交际带来许多不利影响。因此，很多社交达人在倾听他人说话的同时，还会仔细观察交往对象的面

部表情，以此来了解其内心的情绪变化，从而投其所好，说对方喜欢听的话。而愚者却不善此道，他们在大多数情况下会盲目行动，以致后来"摔得鼻青脸肿"。

在没有损害人格尊严的前提下，如果我们能懂得察言观色，说一些别人爱听的话，多一点儿灵活的交往对策，那么不仅能保护自己，也能够使对方乐于为我们办事，不至于导致关系僵化，矛盾重重。

清朝刊印的《二十四史》是中国古代正史的典型代表，也是乾隆皇帝非常珍视的史书。对于这件宝贝，他常常亲自校核。每校出一个错误来，就觉得做了一件了不起的事，心中很是痛快。

善于逢迎的大臣和珅看见乾隆此举，立即产生了自己要做点儿什么来迎合主子的这种心理。后来，几经思考，他决定让人在抄写给乾隆看的书稿中故意在明显的地方抄错几个字，以便让乾隆校正。这是一个很绝妙的方法，给乾隆带来了学问高深的优越感，比当面奉承他能收到更好的效果。皇帝改定的书稿，别人就不能再动了，但乾隆也有改不到的地方，于是，这种错误便流传至今，这也是我们今天见到的殿版书中常有讹处的真正原因。

和珅心机深重，尤其善于从乾隆的言行举止中窥探其内心活动。当然，也正是因为他摸透了乾隆的心思，所以才能选取恰当的方式，博得乾隆的欢心。另外，除了乾隆的言行举止，他还对其性情喜好、生活习惯进行细心观察和深入研究，尤其对乾隆的脾气、爱憎等了如指掌。有人说，和珅是乾隆肚子里的蛔虫，这话一点儿都不为过。通常情况下，乾隆想要什么，不等开口，和珅就想到了，有些乾隆未考虑到的，他也安排得很好。因此，他很受乾隆的宠爱。

尽管和珅利用职务之便，结党营私，聚敛钱财，犯下了很多大罪，是历史上臭名昭著的大贪官，但不可否认的是，在人际交往方面，他确实是一个大师级高手，很少有人能与之匹敌。

历史上有不少既聪明又有能力的人，结局却很悲惨，如杨修被曹操所杀，韩信被吕后所害。究其原因是他们虽然有能力，但不懂为人处世之道，不会察言观色，看不透上司的内心，不懂在言行上顺从上司的心意。在现实生活中，学会察言观色，实在是不可忽视的事。

小红和小飞是一起共事的好同事，他们两个工作努力认真，业绩也都不错。但不同的是，小红平时善于观察领导的举动，并主动接近领导，而小飞则从来不知道主动接近领导。

他们的领导平常身康体健，神采奕奕，工作起来也很有干劲儿。可这一天，她突然显露出悲伤的神色，虽不说出来，可总会不经意地在脸上流露出苦恼的神情。为了不影响公司的其他人，她努力地克制着自己。午饭过后，心烦意乱的她一个人坐在窗户前，眼神呆滞地望着窗外。这些微小的表情变化都被细心的小红看在眼里，她搜肠刮肚地想了一大圈，也没有找到领导苦恼的原因，便关切地问道："领导，家里都好吗？"

"不好！我正在发愁呢！我爸爸突然生病了！"

"什么？您爸爸身体不舒服哇！现在怎么样了？"

"其实也不是什么大病，但是老爷子身体本就瘦弱，承受能力不好，恢复得慢，我担心他这一病，又得遭很多罪。"

"难怪呢！您看上去跟往常不太一样。老爷子病了，您一边照顾他一边上班，肯定很不容易吧！您平时也要注意身体呀！"

"没想到你还挺细心的，谢谢你的关心。"

领导听到这样暖心的话，心里高兴极了，所以她一边道谢，一边露出了舒心的微笑。一个人在脆弱的时候往往希望得到别人的宽慰，聪明的小红明白这个道理，所以她才给了领导应有的体谅和善意。

得到领导赏识的小红不久后便升了职、加了薪，成了小飞的直属上司，而小飞还在原岗位上努力地工作着。

学会察言观色，可以揣摩别人的心思，投其所好，进而避免许

多不必要的纠纷，与人和睦相处。不过，察言观色不等于谄媚，而是建立在尊重和平等的基础上。如果不惜出卖人格去阿谀奉承，很可能引起他人的反感和不信任。

第**3**章

花样说服，
把每一句话都说得
恰到好处

　　花样说服有技巧。牢牢掌握主动权，引领对话方向；善用以柔克刚之法，化解抵触情绪；采取先诱后导之策，巧妙实现目的。运用这些方法，可将每句话都说得恰如其分，使沟通更为顺畅，关系更加和谐，生活越发美好。

 **掌握主动权，让对方只能说"好"**

· · ·

　　灵活的说话技巧可以帮你在交谈中掌握主动权，从而让别人赞同你的说法。在很多情况下，只要你的话说得对、说得巧，就能让对方不得不说"好"。

　　有这样一个故事。英国著名作家萧伯纳很喜欢自己驾驶汽车，然而他的车技并不是很好。他的司机为了安全着想，总想在为他保留面子的情况下，把方向盘掌控在自己手中。

　　一天，萧伯纳一边开着汽车，一边和坐在旁边的司机聊起他最新构思的一个剧本。他正谈得唾沫横飞，就差手舞足蹈的时候，突然，司机一句话也不说，就从他手里夺过了方向盘。

　　"怎么回事儿？你怎么啦？"事出突然，萧伯纳还没从震惊中回过神来。

　　"原谅我突然的举动，"司机说，"我认为您的剧本实在好极了，我真不愿意让您在没写完它之前就把命送掉。"

　　司机的一句话让一向机智的萧伯纳哑口无言，只好耸耸肩表示赞同，让出了驾驶权。

在交谈的过程中，想办法顺着对方的思路思考你们目前交谈的内容，将他绕进一个必须赞同你的话题里，他自然就会同意你的看法。

"君要臣死，臣当如何？"乾隆在一次乘船夜游时问纪晓岚。纪晓岚恭敬地答："臣不能不死。"乾隆笑着说："那你现在投水而死吧。"

"遵旨！"纪晓岚行礼，然后站起身头也不回地向船头奔去。到了船头就要往下跳，不过在中途他突然又站住了，对着江水摇头晃脑，咿咿呀呀，好像在和谁说话。

纪晓岚就这样叽叽咕咕对着江面装神弄鬼，不一会儿他掉头走回来，又恭恭敬敬地跪在乾隆面前。乾隆感到莫名其妙，问道："怎么不死，你反悔了？"纪晓岚回答道："臣确实是遵旨去投水了，然而中途被屈原大夫拦下了，他斥责说：'我所效忠的君王——楚怀王，昏庸凶残，近小人、远君子，不听劝谏，以致纲纪败坏，国家危如累卵。奸佞之臣容不下我，谗谤我，我便被流放江南。后闻楚国沦亡，我痛不欲生，才不得已自沉于汨罗江。而你生于政治清明之时，又遇明主，若无端投水，岂非陷当今圣上于无道？三思，三思。'屈原大夫的劝诫字字在理，臣虽愚钝，也能明白屈原大夫的意思！"

这些话的弦外之音就是，屈原投水是因为楚怀王是无道昏君，而自己不能投水，是因为不能让后人说乾隆是无道昏君。乾隆被纪晓岚夸得心花怒放，他又怎会不知纪晓岚是在装神弄鬼？只是非常佩服纪晓岚的应变能力罢了。乾隆连忙笑着伸手把纪晓岚扶了起来。

遇到难题时，若你能灵活应变，换一种思维，换一种巧妙的说

话方式，就可以令别人自愿听从你的安排。

　　一位老警察曾经和朋友讲了一个自己遇到的问题：许多年轻警察在受训期间最常抱怨的就是理发，觉得短发会让自己的形象受损。警察学院里很快又来了一批年轻警察，正好分到这位老警察手里，理发的命令一下，也照例受到了质疑。他大可对这些新人进行斥责，不过他并没有这样做，而是说了一番话就达到了自己的目的。

　　他说："你们是警察，将来都是领导者，你们现在如何被领导，将来也要如何去领导别人。警察学院有关于理发的规定，对于我也不例外，我今天就要按照规定去理发，虽然我的头发比你们的还短得多。你们可以去照照镜子，如果感觉长的，可以安排时间到理发室去。"

说得这么巧妙，一下子掌握了主动权，这下那些新瓜蛋子不得不说"好"，乖乖去理发。

警察学院有关于理发的规定，对于我也不例外……

可想而知，很多人纷纷去照镜子了，并且遵照规定理好了头发。

这里是有一个小技巧的，当你想让别人回答"对"的时候，你可以先问他们几个答案为"对"的问题。例如，"先生，您一定希望孩子的成绩好，对吗？""小姐，您肯定想让自己变得更加美丽，对吗？"这样对方就会进入你刚刚预设的"对"的思维框架里，你再巧妙地引出自己的观点，他们就很有可能接着说"对"。

这样看来，让别人做选择题也是不错的方法，无论选择哪一个，都能达到你的目的。例如，你想约李先生谈事情，就可以这样说："李先生，您觉得今天下午谈事情合适吗？还是明天上午谈更好？"如此一来，你就给李先生出了一道选择题，他会在这两个时间里选择，而不是考虑谈不谈事情，无论选择哪一个，都达到了你的目的，他会抽出时间跟你交谈。

不过需要注意的是，在交流和谈判中，想要让对方只能说"好"并不是一种健康或可持续的沟通方式。有效的沟通应该是双向的，建立在相互尊重和理解的基础上。真正的沟通不是为了让对方只能说出"好"，而是为了达成共识和理解。否则就算我们凭借语言技巧一时占了"上风"，对方内心也会有些芥蒂，所以最好还是尊重对方的意见，寻求共同点，并通过合作解决问题，这才是建立长期关系的正确方式。

以柔克刚，让对方不再抗拒

· · · ·

美国第28任总统威尔逊曾说过："如果你想握紧了拳头来见我，我可以明白无误地告诉你，我的拳头比你握得更紧。但如果你想对我说：'我想和你坐下来谈一谈，如果我们的意见相左，可以共同找出问题的症结所在。'这样一来，彼此都会感到双方的观点是非常接近的，即使是针对那些不同的见解，只要我们带着诚意耐心地讨论，相信也不难找出最佳的解决途径。"

我们经常会因为一些问题和别人产生不同的意见，那么我们如何做到既诚恳又使人高兴地接受你的意见呢？

① 探索分歧的原因

每当你想"推销"自己的主意时，总是会遇到对方条件反射般的抗拒。当他们提出异议的时候，你肯定会有所反应，但是只有在你理解了异议背后的原因时，你才能做出正确的反应。你应该思考这样的问题："他们提出异议背后的原因是什么？"这个问题的答案很明显，他们的想法和你的想法可能不一致。最好的解决方法就是你能揭开那些不同想法背后的原因，然后思考解决之法。

当对方反对你的观点时，你可能会为了尽快消除反对意见，马上发表自己的看法。但问题是，对方在表达反对意见以后，可能就不会继续聆听了，他们考虑的是如何再说一些话来支持他们的想法。这样一来，双方将背道而驰。因此，你必须对他们的反对刨根问底。只要双方能就同一个话题继续交流，就还有说服对方的希望。否则就是鸡同鸭讲，注定是无效沟通。

❷ 以退为进，提出反对的意见

在向对方表达不同的意见时，应该先退让一步，表示自己在某些方面是同意对方的意见的，并且认真考虑过对方的意见，然后你再陈述自己的意见，这样会使对方更容易接受你的观点。你不妨这样说："我非常同意你的意见，不过我这里有一些建议，希望你能

听我讲讲。"

③　请对方再斟酌一下

在提出反对意见之前，你不妨以诚恳的态度，请对方再慎重考虑一下，让不愉快的情绪降到最低，然后再说出你的意见。你不妨这样说："你提的问题很重要，是否可以再重新仔细地讨论一下？"

用这种方法不仅让对方知道你考虑过接受他的意见，而且表现出你对他的意见很感兴趣，对方会很高兴跟你谈下去。

④　在和谐的气氛中否定对方的意见

欲抑先扬无疑是一个很好的方法，在你反对别人的意见前，不妨先告诉对方还有一些人也和他有同样的观点。把否定的话用表扬的形式讲出来，这样会增加和谐的说话氛围，从而可以温和地否定对方的意见。你可以这样说："你提的意见很好，很多人也有类似的想法，不过……"或者说："我明白你的假设很正确，在理论上是完全可行的，但是在实施方面……"

⑤　重复对方的意见，以提醒对方再次考虑他的意见

在一个意见集中碰撞的谈话中，往往会有人粗心大意，所讲的意见可能不够完善，这时你不妨用询问的口气、适宜的语调重复对方的意见，表示希望得到再次证实，使对方能重新思考，加以修正。例如，有一位父亲在家长会上批评学校管教学生不严时说："老师太放任学生了，学生们越来越无法无天、不思进取。老师应该让学生做他们不喜欢的事。"旁边一位家长听了不禁皱眉，便问："您认为老师如何对待学生最合适？只是让学生做他们不喜欢的事就好

了吗？"这话一说完，之前那位父亲立刻意识到自己刚刚的话失之偏颇，立马修正了自己的话。

6　证明你的结论有理

如果你想对一件事情下一个结论，就一定要陈述为什么认为这样的结论是正确的。一旦你让对方了解到这个结论是如何得出的，你的结论被信任的指数将会上升。你要认识到，如果一些人不知道你是如何得出你的结论的，他们就会变得非常多疑，最后甚至会怀疑连你都不清楚自己在说些什么。为了避免这种疑问，你可以说："根据我对某物的调查结果分析，我认为我的想法用在这里非常有效。你们是怎么想的呢？"加上一句"你们是怎么想的呢？"你就给了别人一个选择是否同意你的结论的机会。这样你才好观察对方的反应，他们同意最好不过，如果不同意，你也好尽快采取恰当的对策。

总之，要想以柔克刚，就必须用心倾听对方的反对意见，用恰当的语言和良好的态度与其沟通，最大限度地降低对方的抗拒心理。

攻克心理防线，让对方心悦诚服

• • •

　　想要说服别人，必须攻克对方的心理防线，消除对方由于对你的诚意表示怀疑而产生的戒备。如果对方的心理防线一直存在的话，它就会像一堵墙，阻挡你说的任何话，甚至让对方对你产生反感。

　　在一个偏僻的小村庄里，生活着一位年过六旬的黄老汉。他孤苦伶仃，由于后继无人，他收养了一位十来岁的小男孩儿，取名黄龙。黄老汉常常感叹自己命运坎坷，思考究竟是何原因导致自己的命运如此坎坷。

　　突然有一天，经过苦思冥想，他终于找到了自己不幸的根源——原来，他的左邻右舍都姓"陈"，而"陈"与"沉"同音，他觉得他们"沉沉"地压着自己，使自己不能飞黄腾达。这让他十分忌讳，他闹着要搬家，可是每家每户的房舍田地都是固定的，怎么可以随便变动呢？乡、村干部多次来做工作，但他就是不听，闹得不可开交。

　　正在众人一筹莫展之时，村里教书的李老师过来了，陪黄老汉进了屋子，坐下来说："黄老哥，您不能动气，要注意身子骨哇！好生活还在后头咧！"

黄老汉一听这话气才消了很多，脸色也缓和了不少。

李老师又继续道："您别怪我多嘴，您咋傻了呢？搬啥家？若是我呀，杀头也不离开这个富贵窝儿呀！"

黄老汉脸上顿时写满了疑惑，愣愣地望着李老师。

李老师见状，板起脸，严肃地说："当然是因为您住的地方是块风水宝地呀！您说，东邻姓陈，西邻也姓陈，您知道这说明什么吗？说明那是文臣武将的'臣'！您左有文臣，右有武臣，保护着您这个黄（皇）帝，您还不知足？"

黄老汉满是皱纹的脸上顿时乐开了花："李老师，这话是真的？"

"当然是真的，这不明摆着嘛！我看正因为这样，您家的生活水平要一天比一天高喽。再有，您的儿子又聪明又伶俐，黄龙，黄龙，不就是'真龙天子'吗？过不了几年，他也要在两个'大臣'的辅佐下飞黄腾达，直奔好前程去了。我说黄老哥，您这里可真是福地呀，别人就是想住，怕也住不上呢！"

这一席话说完，黄老汉眉开眼笑，从此再也不提搬家之事了。

整个劝说过程，李老师的话深入浅出，通俗易懂。黄老汉迷信姓氏的谐音，李老师就从谐音入手，用黄老汉自己的理论去说服他，黄老汉自然心悦诚服。

那么，有哪些方法可以攻克别人的心理防线呢？

① 利用同步心理

什么是同步心理呢？那就是凡事都想跟他人同步调、同节奏，也就是"追随潮流主义"，即追随他人向往的生活、不甘落于潮流之后的心理。因为这种心理的存在，那种不顾自身财力、精力，甚

至不管是否真正需要，都要"随大流"的念头就很容易乘虚而入，支配人们的行为，从而导致人们盲目地做出与他人相同的举动。

受到同步心理刺激的人往往很容易变得没主见，进入盲目附和的陷阱中。这就是我们常见的促销员的口头禅，"大家都在用"等，促使人们毫不犹豫地接受，原理就在于同步心理。我们在说服别人时，可以展示成功案例或权威人士的意见，增强可信度，也可以利用某个群体大多数人的选择来激发对方的模仿欲望。

2 利用对方的危机感

危机感往往会在一定的条件下刺激人的心理、控制人的行为。危机感使人心生恐惧，并由此激发出强烈的要求上进的愿望。如果你能把握住人的这种危机感，就能有针对性地采取相应的对策。

一个希望儿子考上大学的母亲为了改变儿子吊儿郎当的态度，对他进行了劝说："小明，马上就要高考了，再不抓紧用功就来不及了！你看看你，整天只知道唱歌，这样下去可不行啊。唉，你到底是怎么想的呀！"

小明回答："高考有那么重要吗？我觉得读不读大学都无所谓。那些书呆子拼了命考上一流大学，毕业后进了大企业，结果又怎样？像爸爸，在公司做了那么久，裁员的时候不是照样失业吗？"

"你这样想就是一棍子打死所有人哪！你想想看，虽然你爸爸现在是被裁员了，可是这么多年来我们家的生活水平不都是在中等之上吗？你想要的东西有哪一样没买给你？这些都是你爸爸的功劳，也全是因为他考上一流大学，进了大企业呀！如果没有你爸爸，我们家会变成什么样子呢？你哪有钱去学唱歌！"

"我知道啦！可是我就是喜欢唱歌，也想为了梦想试一试，看自己能不能闯出一条路来，这样即使失败我也不会后悔。"

妈妈微微蹙眉，说："小明啊，我知道你喜欢唱歌，妈妈也从来没有干预过你的爱好，但是这也只能作为爱好哇。因为要想成为歌星是要有天赋的，你确定自己有天赋吗？就算你有天赋，还得不断地训练呢！而且你能靠玩音乐养活自己吗？能吗？再说，你一没学历，二没工作，靠我和你爸养着你吗？"

"说的也是……但我还是想试试。"

"喜欢归喜欢，为了唱歌而放弃考大学，毕竟太冒险了！你要给自己留条后路哇。而且，考上大学也不意味着不能玩音乐啊，你照样能唱歌。"

"嗯，知道了。"

显而易见，儿子已经听进去了，母亲的说服相当成功。她巧妙

地利用了儿子对于放弃考大学而学习音乐潜在的不安全感，让他更清楚地感觉到危机所在。

当你和他人交谈的时候要去洞悉他的内心，巧妙地触碰对方的隐衷，这样他就会把内心的想法完全暴露出来，你便能从中激发他的危机感。这个危机感就是你说服他的一把利器。

另外，在说服他人的过程中还应注意以下方面。

首先，要对你的谈话对象有一定的了解，例如，对方的一些经历和生活状况，这些都要有所掌握。

其次，要充分了解对方的性格特征。针对不同的性格要有不同的交谈方式，性格外向的人往往直言快语，与这样的人谈话你可以直截了当，不必拐弯抹角；性格内向的人多半沉默寡言，面对这样的人言语要委婉一点儿。如果不清楚交谈对象的性格特征就随便交谈，其结果一定是失去一批又一批的交谈对象。

最后，还要选择恰当的话题。人的思维方式千差万别，他有他的想法，你有你的观点，交谈能否融洽在于你对话题的选择。

掌握了以上的谈话方法并将其成功地运用在社交场合，你便可以在社会交际中游刃有余。

当然，以上都是用技巧来攻克对方的心理防线，其实人是感性的，也是理性的，与人沟通、交流，意图让人接受自己的观点、意见和请求，若能动之以情、晓之以理、触动柔肠、契合其心，必将无往而不利，让人拒绝不得。这就需要根据对方的种种特点寻找话题，还要对对方有深入的了解，最终将话说到别人的心坎上，触动他人的情感共鸣，这便是更高级的技巧。

 # 先"诱"后"导"，直抵人心

想让对方接受你的想法，你必须做到让人"心中点头"。而诱导之术就能帮你这个忙。诱导说理，在心平气和中步步引导，耐心商讨，让别人更易于接受，易于"心中点头"。

诱导别人，首先要放低一些姿态。谈话中，很多人喜欢平视甚至俯视别人，如果在说服的过程中，说服的一方特别强调自己的优势，希望能借此占据上风，对方反而会加强防范之心。所以可以先承认自己的缺点和不足，暂时使对方产生俯视的优越感，这样你的要求对方也会易于接受一些。想到达终点不一定是笔直向前，登山路走的就是弯路，迂回曲折，也能顺利到达山顶。以诱导技巧说理，不要在乎多费口舌，只要能达到说服他人的目的就很值得。

诱导技巧的关键就在于"诱"字，立足在"导"字。要想在和别人的谈话中诱得巧妙、导得自然，就应当做到以下几点。

❶ 有目的地诱导

好比航船有一个灯塔指引归港方向，在说服他人的过程中，你

也需要有个明确的目的，做到有的放矢，并且所有诱导内容都紧紧地为总目的服务。

一位父亲写了一首戒赌诗给刚刚染上赌瘾的儿子，用来说理规劝。诗是这样的："贝者是人不是人，只因今贝起祸根。有朝一日分贝了，到头成为贝戎人。"儿子看了并不清楚是什么意思，父亲便解释道："'贝者是赌''今贝是贪''分贝是贫''贝戎是贼'。赌、贪、贫、贼是每一个赌博之徒的必由之路。"儿子恍然大悟，顿时心中警铃大作，决定再也不赌博了。

故事中的父亲很巧妙地劝诫了儿子，一是用新颖的作诗方法来吸引儿子思考其中的道理；二是在儿子百思不得其解时，父亲一语道破诗意，告诫儿子赌博会引起贪念，贪念致使人犯罪的可怕结果，使儿子恍然大悟。这种在交谈的一开始就有目的地进行诱导通常会收获良好的效果。

2　有步骤地诱导

逻辑严密地进行诱导更容易让对方跟着你的思路走。既然有总体设计，就要有分步计划。每一步如何说话、如何诱导、如何发问等，在谈话之前都需要经过深思熟虑，胸有成"话"。这样逻辑严密的谈话环环紧扣，步步深入，最后矛盾突现，诱使对方在无法解决的矛盾面前自我否定。

刘阿姨是某餐厅的清洁员。一次打扫卫生时，她无意中捡到了顾客遗失在店内的手机，就想悄悄地据为己有，结果被领班的马大姐发现了，让她上交，可刘阿姨说："手机是我捡的，又不是偷的，更不是抢的，不上交也不犯法。"

马大姐说："那好，我们先不说犯不犯法的事，你能告诉我'不劳而获'的意思吗？"

"不知道！"刘阿姨将脸扭向一边。

马大姐说："你看，'不劳而获'是不经过劳动而占有劳动果实，说白了就是占有别人的劳动果实！"

"扯这些干什么？"刘阿姨烦躁地说。

马大姐又耐心地问："你说，抢别人的东西是不是'不劳而获'？"

"是的。"

"你说，偷别人的东西是不是'不劳而获'？"

"当然是的。"

"那么，捡到别人的东西据为己有是不是'不劳而获'呢？"

"当……然……"刘阿姨语塞。

马大姐见她逐渐面露羞愧的神情，顺势教育道："偷和抢都是不劳而获的行为，而捡到东西私藏也是'不劳而获'，除了遵守国家法律，我们还应有一定的社会公德。再者，店里的工作守则写得

明明白白，拾到顾客遗失的物品是要交还的。"刘阿姨听完更加羞愧，马上将手机上交了。

在这个故事中，马大姐用了一个小技巧，先避开刘阿姨犯法不犯法的问题，从一个相对能让对方放松警惕的"不劳而获"的意义引起话题，再诱导她由大及小，从面到点，步步推进，层层剥离。在对方完全按照自己的思路去思考时，才引出最终观点：捡到东西据为己有，跟偷和抢一样，都属于"不劳而获"，是一种可耻的行为。

总而言之，渐变比突变要容易令人接受，说服的过程是说服者与被说服者间攻心战的过程，也可以看作被说服者心理渐变的过程。对于"层层递进"的说服技巧，从理论上讲，符合心理学的基本规律；从实践中看，只要运用得足够巧妙，就能达到理想的说服效果。

3　有预料地诱导

若想成功地实施诱导，就要考虑到你的每一步诱导里对方会有什么反应，会讲什么，怎样去随机应变，对这些都要有一个预判。只有这样才能使自己的诱导不变成"哑炮"，不变成你一个人的独角戏。你把前前后后的事都考虑周到，就能让对方跟着你的思维走，然后顺利完成整个说服过程。

龙龙今年上小学四年级，做作业总是马虎而潦草。于是老师叫他来办公室，拿出一本字迹工整的作业递给他，说："你觉得这本作业写得怎么样？"龙龙看了一眼，默不作声。见状，老师又拿出一本字迹潦草、错误较多的作业给他看，并说："那你觉得这本呢？"龙龙又看了一眼，说："跟我的差不多。"

"现在给你看作业本上的名字，告诉我都是谁的，好吗？"老师温和地说。龙龙一看疑惑了："都是宁宁的？"老师抓住时机，点点头，说："差的这本是宁宁同学去年的作业，好的这本是她现在的作业。"

然后老师又亲切地说："你现在的作业和宁宁去年的作业差不多，但这不能说明你永远是这样的。既然宁宁经过一年的努力，能够写出工整漂亮的作业，那么老师相信你一定也能做到。"老师这段谈话，言此意彼，没有拿龙龙潦草的作业和宁宁优秀的作业做对比，既维护了学生的自尊，又适时指出对方的不足，鼓励对方取得进步。

在这里，龙龙的老师已经预测出他的每一个问话龙龙会怎样去回答，知道龙龙会奇怪作业全是宁宁写的这件事，然后他根据龙龙的回答顺势劝导，毫无疑问地取得了非常好的说服效果。

④ 有诚意地诱导

任何人都喜欢和诚恳的人打交道，要想使自己的说服对象对自

已心悦诚服，就要做到诚恳开导，不讽刺、不挖苦。这个方法的好处是允许被说服者在接受说服的过程中存在一个认识过程，获得一些全新的知识。

5　委婉地诱导

委婉含蓄的表达在人际交往中是很有必要的。一些不好直接说的话，我们可以委婉迂回、正话反说，也可以寓意象征，引人联想，从而避免直接触碰别人的痛处，也可以给自己留有余地。

春秋时代，楚国有一名宫廷艺人叫优孟，他能言善辩、言语滑稽，深得楚王喜爱，经常为其表演。

这一年，楚国贤相孙叔敖去世了，楚王为失去这个朝之重臣而伤心不已，每日茶饭不思，难以接受这个事实。

一天，优孟游览到了城郊，正巧碰见孙叔敖的儿子在山上砍柴。优孟感到非常不解，孙叔敖贵为相国，何以他的儿子如此清贫？询问之下，优孟才得知孙叔敖任宰相时两袖清风，所以家中并无积蓄，他去世后家里没有了收入来源，他的儿子只得靠砍柴为生。

优孟很想帮助孙叔敖的儿子摆脱困境，可又不能直接开口，否则就有指责楚王不仁义、不体恤下属之嫌。于是他决定另寻他法。

冥思苦想了一阵，优孟想到了一个好办法。他每日在家里模仿孙叔敖的一举一动，等练熟了之后，又特制了一套孙叔敖平时喜欢穿的衣服穿上，让人看了以为是孙叔敖在世。后来，等到楚王设宴的时候，优孟就打扮成孙叔敖的模样前去赴宴，楚王远远一看，真的把他认成了孙叔敖，赶紧起身，快步走到台阶前相迎。结果离近一看才知道是优孟装扮的。楚王因为太过思念孙叔敖，便对优孟说："今日见你这样的装扮，令我思念贤相孙叔敖的心更切，为了缓解我的思念，你以后就穿着这身衣服当相国吧。"

"请恩准我回家同老妻商量一下再决定吧！"优孟回答道。楚王答应了。

第二天，优孟来到宫中回奏楚王，说："我家里那位见识短浅的女人死活不同意我做相国，还郑重其事地告诫我，说孙叔敖做了十几年的相国，连一点儿积蓄都没有，如今他死了，他的儿子居然落魄到要靠砍柴卖钱养家糊口，她说我要是做了相国，日子就没法儿过了。"

优孟的这一番话让楚王如梦初醒，他意识到自己这些年实在不够体恤孙叔敖一家。他立即下令给孙叔敖之子安排官职，并封赐给他土地，令他的生活不再清苦。

优孟知道楚王的过失，但他没有当面指责楚王，而是采用了迂回婉转的方式，完美达到了目的。试想，假如优孟直来直去地指责楚王忘恩负义，嘴上说怀念故人，却连他的后人都不知顾及，那么楚王很可能会恼羞成怒。大王的雷霆之怒何其可怕，到时候不要说孙叔敖儿子的封赏了，就连优孟也有可能因此一命呜呼。所以说，用婉转一点儿的方式提建议，其效果远远好过直言直语。婉转地表达自己善意的提醒，别人会产生感激之情，如果自己一味地直言不讳，好心也会办坏事。

公元前 266 年，赵惠文王去世，年幼的太子继位，权力掌握在其母赵太后手中。秦国趁机攻赵，赵国向齐国求援。齐王提出，齐国可以发兵，但前提是要让赵太后的小儿子长安君到齐国做人质。赵太后十分宠爱长安君，不忍心他成为质子，因此不答应。大臣们纷纷劝谏赵太后三思，赵太后烦恼不已，她生气地说："休要再多言，

否则我就要往他脸上吐唾沫！"

左师触龙在这时候求见赵太后，赵太后自然憋了一肚子气。触龙步履蹒跚地走到太后面前，说："臣最近腿脚不便，走得慢，您千万莫要怪罪。很长时间没有来给太后请安了，臣非常挂念您的身体。"太后说："我怎么会怪罪你呢，我也是靠着车子代步的。"触龙说："您每天的胃口怎么样？"太后说："喝些粥罢了。"触龙以这样拉家常的方式开场，太后的抵触情绪减少了很多。

触龙说："臣的身体一日不如一日，臣的小儿子年少才疏，臣很疼爱他，希望他能有个好的未来。臣冒死恳请太后，让他当个王宫的卫士。"太后说："这不难办。他多大了？"触龙说："十五岁，臣希望在死之前可以把他托付给您。"太后问："你们男人也疼爱自己的小儿子吗？"触龙说："比女人还严重。"太后笑着说："不可能及得上女人。"

这时，触龙就顺着这个话头，把话题引向长安君。他对太后说："父母疼爱儿子就要替他做长远打算。如果您真是为长安君好，就应让他为赵国建立功勋，否则一旦您百年之后，长安君靠什么在赵国立足呢？我觉得您为长安君做的打算不够长远哪。"太后听了，说："好吧，长安君就听凭你安排吧。"于是，触龙为长安君准备了上百辆车子，护送他到齐国。接着，齐国也信守承诺派兵救了赵国。

触龙之所以能够做成别人做不成的事，是因为他很懂得使用委婉的方式提建议。在整个谈话过程中，他谦和有礼、善解人意、娓娓道来，避免与太后起正面冲突。同时，他又处处从赵太后的角度分析问题，让自己的意见变成太后的看法。他全程没有一句话带有说教的意味，而是帮助太后去发现怎么做才是对长安君好，最终改变了赵太后的看法，让看似不可能的事变为可能。

第 **4** 章

学会拒绝，
说 "不" 也要让人
听着舒服

学会拒绝至关重要。切勿做老好人，务必学会拒绝。可以袒露自身的难处，以获取他人理解；也可以巧妙运用暗示，委婉进行表达。凭借这些方法，可使 "不" 字也令人听得舒服，既能坚守自我，又不破坏人际关系。

 **说出你的难处，
让拒绝顺理成章**

面对别人的请求时，如果是很简单的事，在我们力所能及的范围内，我们自然乐意伸出援助之手。但一些请求往往不像我们想象的那样容易。这时，我们也不要为难自己，尽管将难处告知对方。具体来说，需要注意的有以下几点。

① 把对方的暗示挡回去

不马上回绝对方的请求，而是先讲一些理由诱使对方自我否定，自动放弃原来提出的请求，以减少对方遭到拒绝后的不快。

王成是普通的工薪阶层，一天，两个打工的朋友找到他，不说有什么事情，一直在说打工的艰难，住店住不起，租房又没有合适的，很明显在暗示想借宿。

王成很为难，他便顺着两个人的话茬儿说："是呀，在大城市里生活，住房就是头等大事。我也深受其害，辛辛苦苦工作多年就够买两间耳朵眼儿大的房子，住着三代人。我那上高中的儿子晚上只能睡沙发。你们大老远地来看我，我真想留你们去家里住两天，可是条件实在不允许哇！"两位朋友听后，也不好再打扰王成了。

很多时候，一些人求人办事怕被当面拒绝，就用暗示来"投石问路"。这个时候，你最好也用暗示来拒绝，以便保全双方的面子。

2　让对方也理解你的苦衷

"小杨，你今天把这些文件处理一下。"周主任指着一沓至少有三四十页的稿纸对秘书小杨说。

小杨摸着厚厚的一沓稿纸，苦着脸说："这么多，我处理得完吗？"

"处理不完？那你找轻松的地方去工作吧！"

也许是小杨倒霉，正赶上周主任心情不好，小杨就真被公司调岗了，离开了原来令人艳羡的部门。

这真是令人唏嘘！像小杨这样生硬地拒绝上级的要求，给上级

的感觉就是他不服从工作安排，因而损害了上级的威信。事实上，这件事情还有另一种解决方法，就是他立即接过那堆稿纸埋头处理，过一两个小时后，先把处理好了的稿纸交给主任，再委婉地表示自己的困难，这样主任会很满意他对命令的服从，也会反思自己的要求是否合理从而延长时限。如果小杨这样做的话，就不至于被调走了。

日常生活中，我们也经常会遇到各种来自身边人的要求，如果你确实力不能及，千万不要马上表示不接受，你可以先表示出对他们信任的感谢，并表示很乐意为其效劳，然后再委婉地说明自己爱莫能助的原因。这种温和的方式总是可以让彼此都能接受，不至于把事情弄得很不愉快。

③ 陈明利害关系

碰到亲戚朋友委托你办事但会威胁到你自身利益的时候，要讲清道理，陈明利害关系，明确地加以拒绝。这样，对方会理解你，

大家以后也不会再麻烦你。

小兵的父亲是一家石油企业的高管。小兵和朋友一起合开了一家加油站，想让父亲给批点儿 "低价油"，以此降低成本。

父亲诚恳地对小兵说："这件事情对我这个高管来说的确很好办到，只要打个招呼，你就可以买到'低价油'。但是，我不能这么做，因为这是几千人的企业，不是我一个人的。我只是个负责经营的高管，坐在这个位置上走错一步就会被大家指指点点。你是我的儿子，你也不愿意看到我因为你犯这样的错误吧？生活上有什么困难，我可以帮助你，但是今天你提的这件事我办不到，我不能用高管的权力为亲属谋私利呀！"

小兵听了父亲的话，也理解了父亲，从此他再也不给父亲找类似的 "麻烦" 了。

④　降低对方的期望

一般想来求你办事的人，肯定是希望你能很好地解决问题，对你抱有很高的期望。然而，对你抱有的期望越高，你越是难以拒绝。如果你在拒绝别人时还夸耀自己有多能干，长处有多多，那么就会在无意中提高对方的期望，加大拒绝的难度。反之，如果你告诉对方一些你的短处，就会降低对方的期望。

拒绝他人，也要给予暖心的安慰

• • •

　　我们在拒绝他人之后，一定要给予其安慰。安慰可以使他们心中燃起的不满迅速降温，使脾气最坏的"老顽固"软化下来。此时，对方才算得上是真心地体谅与接受了我们的拒绝。

　　塔夫脱是美国的第 27 任总统，尽管政绩平平，但他非常善于与人沟通。

　　有一年，一位贵妇人请求塔夫脱总统为她的儿子安排某个职位。但事实上，这位贵妇人的儿子并没有胜任那个职位的能力。于是，塔夫脱总统婉言拒绝了贵妇人的请求。

　　本来，贵妇人非常理解塔夫脱的拒绝。但渐渐地，贵妇人越想越不是滋味，甚至写信对塔夫脱总统进行了猛烈的抨击。

　　看到这样一封来信，塔夫脱总统一开始颇为恼怒，甚至想着回一封同样措辞严厉的信。幸好，最终还是理性占据了上风。塔夫脱总统冷静下来之后，心里想："她当时分明已经对我的拒绝表示了理解，为何现在又是这样的态度呢？"

　　思来想去，塔夫脱总统回了一封信。信中的话语温柔有礼，饱含关怀之意。信的大意是这样的："尊敬的夫人，我非常能理解您希望孩子有一个好前程的急切心理。但是，也希望您能理解我不得不拒绝您的苦衷。我虽忝居总统之位，但也不能随心所欲地决定人事任用。而且，我相信，您的儿子只要不断努力，完全可以凭借其自身的力量谋取一个更好的职位。"

一段时间之后，塔夫脱总统在白宫举办了一场音乐会。借此机会，贵妇人向塔夫脱总统真诚地表达了歉意，并一再感谢塔夫脱总统后来的安慰。

我们千万要谨记：无论对方对你的拒绝表达了怎样的理解，他的心里总归是有些不快的。对方的礼貌与笑脸更多的是出于顾全礼仪与照顾彼此面子的考量罢了！所以说，拒绝之后给予人同情与理解，我们才能彻底、安心地给我们的拒绝行为画上一个句号。

那么，可以通过哪些方式来表达我们的同情与理解呢？

1 拒绝之后，向对方表达谢意

"不"字说出口，难免会让彼此感到一丝尴尬。若双方的性情都偏于内向，不好意思打破这种僵局的话，那么这份尴尬将更加严重。想必没人喜欢这种感觉。那么，作为拒绝的一方，如何才能有效地化解这份尴尬呢？或许，表达谢意不失为一个行之有效的手段。

此时，你可能会产生这样的疑惑：我拒绝了别人，最后竟然还要对被拒绝的人表达谢意，这似乎有些风马牛不相及吧？你之所以会产生这样的疑惑，是因为你对表达谢意的魔力缺乏足够的了解。事实上，表达谢意可以看作一种照抚人心的"万能高效药"。

秦阳是一家公司的老板，为人仗义，朋友也多。有一次，一位朋友托秦阳帮忙找一家实惠的装修公司，以便节约一点儿成本。

次日，秦阳将朋友约到茶楼，这样对朋友说道："真是不好意思，哥哥在装修这一行实在不认识几个人，怕是很难帮上忙。但是，我很感谢你这么看得起我。你能在这么重大的事情上想到我，说明你真的拿我当朋友。我以茶代酒，真心地感谢你！"

听秦阳这么一说，朋友反而觉得有些不好意思了，急忙说道："秦哥，您真是太客气了！这事是怪我考虑不周，给您添麻烦了！"

秦阳放下杯子，说道："就凭你我的交情，你说这话就见外了！哥哥虽然帮不上什么大忙，但还是能给你把关一下报价的。毕竟，我家以前就装修过。"

朋友欣然地说道："嗯，那我先多跑几家装修公司，看看他们的报价。到时还得麻烦哥哥费神了。啥也不说了，小弟先干为敬！"

可以看到，秦阳极精通说话的技巧，哪怕是拒绝别人，让人听着也是无比舒服。为什么会这样呢？是因为秦阳在拒绝朋友的过程中表达了对朋友的感谢，同时表示愿意提供其他的协助。不难发现，在拒绝他人时表达谢意，不仅能有效消解因为拒绝产生的尴尬，而且能很好地打动他人的心，并由此拉近彼此之间的关系。

② 拒绝之后，给对方一个惊喜

没人喜欢失望，没人不喜欢惊喜。面对拒绝，被拒绝之人无论如何都会有些失落。若此时我们能适时地给予被拒绝者一个惊喜，或许就能很好地填补这种失落的空白。而且往往拒绝他人之后再给予对方惊喜，能收到意想不到的奇效。

英国前首相迪斯雷利是名噪一时的杰出领袖。在其担任首相期

间，一名颇具雄心的青年军官请求迪斯雷利向女王提议册封自己为男爵。

迪斯雷利很欣赏这名青年军官的斗志与自信，而且，这名军官也确实能力超群。但是，迪斯雷利清楚地认识到，这名青年军官太年轻了，轻率地册封其为男爵势必会遭到非议。

在权衡利弊之后，迪斯雷利对青年军官说："年轻人，我是发自内心地喜欢你，但以你目前的资历，还不能获得男爵的封号……"

听到迪斯雷利这么说，青年军官的脸上写满了失落。

见此情形，迪斯雷利急忙补充道："我虽然不能帮你获得男爵的封号，但是，我能给你一个更棒的礼物！"

青年军官不解地问道："首相先生，您给我的礼物是什么？"

迪斯雷利说道："明天，我会向内阁宣布，我原本想提议册封你为男爵，但你很谦虚，以自己资历不足为由婉拒了。"

听到这里，青年军官笑了，而且脸上洋溢着骄傲的光芒。因为青年军官显然知晓迪斯雷利这番话的用意，义辞男爵的光环可比男爵的头衔要耀眼得多。

迪斯雷利知道，相较于男爵的头衔，青年军官更加看重的是被人敬重的感觉。正是因为明白这一点，迪斯雷利在拒绝青年军官之后，适时地给了青年军官一个惊喜，让其因被拒绝而失落的心情得到了满足。拒绝人之后给予其惊喜，正是对心理补偿效应的生动运用。毫不夸张地说，这一拒绝后的惊喜，就如同久旱之后的甘霖，滋润人心，让被拒绝者无比受用。

拒绝不可明说，却可以暗示

· · ·

将"不"说出口是很困难的，但很多时候我们不得不去拒绝别人。很多人之所以苦恼是因为找不到好的拒绝方式，其实通过暗示来说"不"就是一种不错的选择。例如，可以通过动作和语言等进行暗示。

赫斯特是一位美国出版家，当他在旧金山创办第一份报纸时，漫画大师纳斯特为这份报纸配了一幅漫画。漫画的主旨是呼吁电车公司给电车前面装上保险杠，以免因为意外伤到路人。可是赫斯特认为纳斯特的这幅漫画完全是失败之作，如果在报纸上刊载这幅漫画，会对报纸产生不利的影响。但如果不刊载这幅漫画，他又不知道如何开口让这位地位很高的漫画家重画。

后来，赫斯特邀请纳斯特共进晚餐，他首先高度赞美了纳斯特的那幅漫画，然后一边喝酒，一边唠叨："唉，多么可怜的孩子呀，因为电车受了伤！这些电车司机简直不像话……有些司机就像魔鬼一样，他们明明睁着眼睛，却对街上玩耍的孩子视而不见，不顾一切地向他们冲去……"纳斯特听了这些话，忽然从座位上一跃而起，大声说道："我的上帝，您刚才讲述的才是一幅出色的漫画！请您

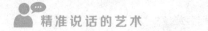
把我寄去的那幅漫画扔到垃圾桶里。"

赫斯特看起来是在随意地唠叨，实际上却暗示了漫画的失败，让纳斯特主动重画。

巧妙地运用肢体语言也可以将自己的意图展现给别人。例如，当一个人不想与对方继续交谈时，可以使用一些漫不经心的小动作，类似于按摩肩膀、用手揉眼睛等。这些小动作表达了当事人有些疲惫，希望暂停谈话，好好休息一下的意思。显然，这是一种暗示拒绝的方法。如果你对谈话内容缺乏兴趣，或者对对方的要求感到为难，可以尝试做出长时间沉默、微笑中断、目光旁视等行为。

例如，当别人表示"要不要一起吃饭"时，你可以用肢体语言表现出匆忙的状态，比如频繁地看手表或者加快语速等。但是一定要记住：这种时候千万不要提早露出坐立不安的神情，否则会让对方误以为你对其不尊重。

拒绝时不妨拐弯抹角

· · ·

在生活中，拒绝别人往往是一件很难的事情，这并不是说拒绝的话说不出口，而是要看你如何说。若处理得不好，轻则让局面变得紧张，重则会影响自己的人际关系，所以在拒绝别人的时候绕个圈子，委婉含蓄地表示拒绝，不失为一种好办法。

小刚毕业后有段时间过得很颓废，后来到了一家小企业打杂，平日里没什么事，于是成天和同事们喝酒、打牌。后来他逐渐醒悟过来，开始报名参加等级考试。

他的同事们还不知道这件事情，有一天晚上，他正在埋头苦读，突然一个电话打过来叫他去同事家集合，原来是他们打麻将 "三缺一"。小刚已经醒悟了，知道自己不能再没日没夜地玩儿了，但是又不好意思通过讲大道理来拒绝他们的要求，便回答说："哎呀，兄弟们，饶了我吧，我的臭手你们还不清楚嘛，你们成心让我'进贡'啊，我这个月光族已经成了'半月光'了，这个月的工资都快见底了。这样吧，我今天就只打一个小时，千万担待点儿，你们要是不答应就算了。"一阵哄笑后，对方也不好勉强，干脆另找别人了。过了

段时间他们知道小刚最近在忙别的事情，也就自觉不再打扰他了。

对于千方百计让我们做出妥协以有利于自己的人，我们自然应该理直气壮地大声说"不"；但是对于那些常来常往的身边人，或是与我们平时的工作、生活都有千丝万缕联系的人，如果他们提出的要求令我们很为难的话，就不能像前者一样直接拒绝，而是需要含蓄委婉地说"不"。

一次记者会上，有记者向时任尼克松总统国家安全事务助理的亨利·基辛格打听美国核弹头的数量。

"关于配置分导式多弹头的远程导弹有多少我不是很清楚。至于潜艇导弹我是知道的，但是我不知道这属不属于国家机密，因此我不能贸然回答。"基辛格微笑着向记者解释。

"这是对外公开的，不属于国家机密。"记者马上解答基辛格的疑惑。

"哦？是对外公开的？那你一定知道是多少了，不妨由你来告诉大家。"基辛格回应。

在场记者哄堂大笑，关于这个问题的提问也就不了了之了。

导弹数目这种事情可以说是相当机密的，基辛格自然要想办法避开回答，他的处理方式就很巧妙。他没有采用那种大家常见的外交辞令——无可奉告，而是佯装不知自己的回答是否涉嫌泄露国家机密，因此不能贸然回答，如此便合情合理。而在那个记者急于知道答案而让自己陷入矛盾的时候，基辛格又适时抓住这个矛盾把问题推给了对方，从而回避了这一敏感问题。

英国国会拟通过提案，为前首相丘吉尔塑造一尊铜像摆在公园，以纪念他为英国做出的伟大贡献。丘吉尔听说了之后，没有兴奋地立马同意，而是理智地考虑后认为不妥，巧妙地拒绝了国会，他说："多谢大家的好意，可是我不喜欢鸟儿在我的铜像头上拉屎，还是请大家高抬贵手吧！"

丘吉尔的拒绝让人感觉很舒服，很有人情味儿，这比说一通大道理效果要好得多。因为任何人听了丘吉尔的有趣声明，都很难狠下心来坚持己见。

拒绝技巧简直可以说是一种必备技能，要提升该技巧，拐弯抹角地说话是很有必要的。既能传达出自己的意见，又给被拒绝者保全了面子，何乐而不为呢？

巧妙拒绝，让生活更轻松

• • •

"赠人玫瑰，手有余香"这个道理我们都懂，也毋庸置疑。但是如果你实在因为种种无法避免的事情而没有办法伸出援助之手，就需要拒绝他人了。而这时你若采用巧妙的拒绝方法，就可以不伤害对方的感情和自尊。

如何拒绝他人是一门艺术，因为我们既要保全他人的颜面，又要维护他人的形象。"不"字谁都会说，但怎样说才能既不伤害对方，又不使自己为难，却不是每个人都能做到的。

富兰克林·罗斯福是美国历史上十分受人尊敬的一位总统。1945 年，富兰克林·罗斯福第四次连任美国总统。

有一次，罗斯福接受一位记者采访，记者请他谈谈此时的感想。罗斯福没有立即回答，反而先带记者去吃了三明治。

记者感到非常荣幸，于是他高兴地吃下了第一块三明治。之后总统叫来第二块请他吃，他觉得总统很热情，高兴地吃了下去。之后总统又叫来第三块，然而记者此时已经吃得很饱了，不过他不想驳总统的面子，还是勉强吃了下去。

令记者没想到的是，他把第三块三明治吃下之后，罗斯福总统又笑着说："请再吃一块吧！"记者一听，着实惊恐，连忙摇头摆手，表示自己实在吃不下了。

此时，罗斯福总统微笑着对记者说："那么，现在还用再问我第四次连任总统的感想吗？"记者表示无话可说。罗斯福采用巧妙的方法，达到了拒绝的目的。

在现实生活中，面对别人的求助，出于自身难处的考虑本应拒绝，可"不"字却很难说出口，此时就要找到合适的方法与技巧，不要用强硬的方式拒绝对方，否则你们之间的交往会因此受损。

那么，该怎样在社交中运用巧妙的艺术表达拒绝呢？以下几个小方法可以借鉴。

1　表达想满足对方的强烈心愿

当有人向你提出帮忙的请求时，若力所能及，应尽量给予帮助。

老张啊，我是实在没办法了才来找你，最近生意出了点儿问题，需要一笔资金……

老李呀，不是我不想帮你，但我也有我的难处。我妈最近生病住院，花了不少钱，我现在手头也不宽裕，实在是爱莫能助哇。

实在无能为力也不要很快拒绝，可表达出想帮助对方的心意，再详细讲出自己的难处。

若自己有难处实在无能为力，也不要很快拒绝，否则，对方会认为你没有帮助他的诚意，也会认为你缺乏同情心。在这样的情况下，你应充分表达出想帮助对方的心意，再详细讲出自己的难处，表明自己确实无能为力。这样的拒绝方式对方才更愿意接受。

② 为对方提供其他方法

当别人对你提出你不能解决的请求时，你不妨告诉他应该向哪个方向努力，提供一些其他的解决方案，让他看到希望。这样既不会挫伤他的自尊心，也不会伤害你与他的感情。

③ 注意拒绝的表达方式

当你找不到任何借口来拒绝他人时，一定要用委婉、友善、真诚的语言说出拒绝的话，要给他人留下回旋的余地。

第 **5** 章

巧妙批评，
忠言也可以不逆耳

巧妙批评有诀窍。需因人而异，依对象选定方式；进行委婉批评，使话语不致刺耳；利用巧妙暗示，不点破却能令人领悟。运用这些方法，可以让忠言不再逆耳，既能达成目的，又不伤及感情，促使交流更顺畅、关系更和谐。

批评应因人而异

人们接受批评的能力和方式是不同的，这是因为不同的人会有不同的经历、文化程度、性格特征等。需要批评他人时，应该根据不同的人采取不同的批评方式。

根据对批评的不同反应，可以将人分为四种：敏感型反应者、迟钝型反应者、强个性型反应者和理智型反应者。敏感型反应者的承受能力很差，他们脸皮薄、爱面子，稍微遇到一些严厉的批评，就会脸色苍白，精神恍惚，甚至可能从此一蹶不振；迟钝型反应者就好多了，他们就算受到批评也毫不在意；强个性型反应者自尊心很强，个性极为突出，他们的心胸比较狭窄，遇事好冲动，心理承受能力较弱，自我保护意识很强，就算犯了错误也死要面子，不乐于接受当面批评；理智型反应者在受到批评时心灵会受到很大的震动，能坦率认错，从中吸取教训。

针对反应者类型的不同，我们可以选择不同的批评方式。对那些爱面子的人，我们可以采用暗喻批评法；对自觉性较高的人，尽量采用启发性的批评方法；对于性格耿直的人可以当面批评，他们会认真吸取教训，及时改正错误；对犯了影响比较大的、典型的错误的人，应该公开批评；对那些没有主见的人，要采用警示性批评法。批评的方法多种多样，千万不要生搬硬套，一定要学会灵活运用。

对于普遍性的问题可以当面批评；对于个别的现象要学会区别对待。不管是怎样的批评，都要恰如其分，否则会让人产生抵触情绪。另外，在进行批评之前，可以找当事人聊一聊，帮他提高认知。要想让对方改正错误，最重要的是让他明白究竟错在哪儿了。只有他认识到自己的错误，对批评心服口服，才能主动认错。

大家都喜欢听甜言蜜语，讨厌被人呵斥。上司对下属要避免粗暴批评，因为这种方式效果很差。粗暴批评使员工听到的只是恶劣言语，不利于其正视自己的错误。这样，他们会产生逆反心理而不愿意解决问题，心中充满抱怨和怒气。

批评的方式尽量不要太直接，应该含蓄一点儿，借用委婉、隐晦、暗喻的方式，从另外一件事引到批评这件事情上面，尽量用弦外之音来表达本意，既能揭示批评内容，又可以让人愉快地接受。而不加考虑，开门见山地指出对方的错误，往往会得罪人。

比如，可以将事情的正确发展情况展现出来，让错误显而易见；通过列举分析历史人物的是非，烘托其错误；全面客观地分析现实生活中的人物，暗喻其错误；通过讲故事的方法进行暗示，把活灵活现的形象展现出来，引导其发现错误；讲一些幽默的话语，让对方在开怀大笑的同时认识到错误；找一些逸闻趣事进行影射，让人更易于接受批评。总之，一定要明白批评的意义是什么，不仅要让被批评的人意识到错误，还要让其及时改正错误。

让敏感的人接受批评是最困难的，可以采取不露锋芒法。也就是先坦言自己做得不够好，再批评对方的缺点。在指出对方的错误时态度要谦虚，这样能够有效缓解他的抵触情绪，使他乐于接受批评。假如某个性格敏感的新人犯了错误，你可以这样说："这件事情你做得还可以，不过还是有一些问题，以后要注意。你也不要有心理负担，我年轻时这样的错误也没少犯，你比我那时强多了。"

有时候，某个人犯了错误导致一件事没做成，但是他没有弄清楚自己错在哪儿，这时就应该采取委婉含蓄的批评方式，先表明自己的态度，让下属自己从对话中捕捉批评的重点。当然，这种含蓄的方式不能一概而论。对那些犯了重大错误的人要严厉批评，如果你不明确地告诉他，他可能根本不当回事儿，很有可能会再次犯错。另外，对于工作中明知故犯和屡教不改的人，应该特殊处理，领导者可以直截了当地告诉他们，如果不改正错误，就可以另谋高就了。

批评的程度有轻有重，必须学会因事而异。如果是一些微不足道的小错误，轻描淡写的批评就能解决问题，没必要抓住别人的过错不放。但如果是比较严重的错误，受批评者比较顽固，态度也不好，你就要义正词严地批评他，只有这样才能使其改正。

根据方式的不同，下面列出了七种批评方法。

1　渐进式

适用于自尊心和荣誉感都比较强的人，方法是先说一些和批评内容关系不太相关的事情，然后一步一步地进入主题。

2　触动式

适用于惰性较强、依赖性较重的人，方法是用激烈的语言加以警示。

③ 提醒式

适用于生性多疑而且比较敏感的人，重点在于暗示、启发和提醒，不要太过直接和严厉。

④ 商讨式

适用于反应敏捷、脾气暴躁的人，方法是尽量用平和的语气和商讨式的态度和对方说话。

⑤ 参照式

适用于肚子里没有墨水，但又妄自尊大、见识浅薄的人，方法是借别人的事例来对比，导引出批评的内容。

⑥ 即席式

适用于固执己见、不肯轻易认错的人，方法是就事论事，当场批评。

⑦ 提问式

适用于性格内向、较有思想的人，方法是用问答的形式展开批评。

委婉批评，让忠言不再逆耳

••••

　　或许很多人对批评的理解是"挑刺儿"，其实这不过是批评中很小的部分。批评不是鸡蛋里挑骨头，真正恰当、高明的批评，更多的是交流、引导和指正。所谓忠言逆耳，不管是谁，都不愿意被批评。那么，如何让你的批评听上去舒服，对方又受用呢？这便是我们需要下功夫的地方。

　　批评这件事情分两种，一种是批评得好，人家接受，你充当了良师益友的角色；另一种是批评得不好，麻烦缠身，你变成了尖酸刻薄的"难伺候之人"。很多事情讲究"软着陆"，我们使用"批评"这剂苦药的时候，不妨先抹上糖，看似失去了锋芒，药性却不减。

　　早川德次出生于日本关东，他一手创办并经营了 58 年的夏普电器有限公司被誉为日本家电行业的"领头羊"，而他也被当作创业者的典范载入史册。

　　早川德次成功的关键在于善用人才。从创业伊始，他就非常重视人才的培育与使用。大地震将他颇具规模的文具工厂摧毁之后，他不得不将自己和 14 名核心员工"卖"到订货商的文具公司。后来，

他离开文具公司自己创业时，这 14 名员工宁愿少拿薪水也愿意追随他，这就是他一贯重视人才的结果。

相传早川德次和他的秘书静子之间发生过这样一件小事：

静子对于标点符号的使用并不是特别注意，但是早川德次却格外在意。一次，早川德次对静子说："静子小姐，你的字很漂亮，让我很满意，字体、行距适中，也很整齐。"静子听早川德次这样赞美她很是欢喜，脸上露出了甜美的笑容，温柔地说道："非常感谢您的赞美，我以后会更加努力工作，一定会做得更出色。"早川德次顺着静子的话说："你以后对标点符号可以特别注意一下吗？"静子特别痛快地回答道："好的，没有问题。"

于是这个标点符号的问题就这么简单地解决了。其实站在早川

德次的角度，他是为了秘书静子好，才会告知她以后要注意标点符号的使用。不过，他并没有直截了当地指出问题，让静子下不来台，而是抓住了有利时机，首先营造出表扬的气氛，由衷地赞美秘书的字，调动她积极的情绪，缓解气氛，然后适时地指出她的缺点，效果非常理想。试想，如果早川德次选择直言不讳，或许秘书就会为自己辩护，这时少不了一场冲突，秘书也会因此无法安心工作，或许会做得更不好。所以，作为领导者，如果以后再碰到要批评下属的情况，不妨换个角度，不要端着上司的架子，何不让对方保持心理平衡，理智地接受批评？

比如，你要责备一位常常迟到的下属，那么你会怎么做呢？有一位领导采用了将批评包裹在表扬中的方式，取得了很不错的效果。

"洋洋，你的报告写得真不错，不仅文采好，而且好多观点和建议都是一针见血呢，你的报告对我们这次活动的推荐大有帮助哇。"

在洋洋沉浸在领导的表扬中的时候，领导话锋一转："洋洋，你知道吗？有时候我们早上也想找你来提供一些可靠建议，可是你每天总是迟到十几分钟，找不到你的人。由于你每次都能准时提交研究报告，我对你的建议已养成了依赖性，我不能缺少你的建议，整个部门也是如此。我们发现，有时候没有你的建议，对我们是种损失，我们真的不知道怎么办才好，我希望从明天开始，你每天早上能准时到公司。"

这样一来，虽然领导指出了洋洋的问题，却没有伤害到洋洋的自尊心。她会明白自己在团队里发挥着很重要的作用，也能听出领导言外之意，以后自然会自觉准时上班。

那么，把表扬和批评的话放在一起说，都能取得良好的效果吗？我们看下面这个例子。

一位领导批评下属不专心，他是这么说的："佳佳，我们都特别为你感到骄傲，你最近工作进步特别大，但是如果你办事的时候能再专心一点儿就更好了。"

在这个例子里，佳佳或许在听到"但是"之前的话确实感到开心，不过很快她就会怀疑之前的赞许是否出自真心。这个问题不是出现在前面的夸奖上，而是后面的"但是"。网上一直有这样的一句话，听别人说话的时候，"但是"后面才是重点。倘若把"但是"改成"并且"就能轻松解决了。

戴尔·卡耐基说："如果经过一两分钟的思考，说一句或两句体谅的话，对他人的态度做宽大的了解，就可以减少对别人的伤害，保住他人的面子。"所以，当你要批评他人时，请先静一静，想一想，怎样做才能让对方不丢面子，让批评的话也能听起来顺耳。

绵里藏点儿针，巧妙说暗话

• • •

我们在与他人交流的过程中，有些道理不必直接说出来，说话者可采用绵里藏针的方法，使道理深入浅出、不言自明。

在美国，一个记者要求采访总统候选人卡特的母亲，尽管卡特的母亲对频繁的采访感到厌烦，但出于礼貌，她还是说："见到您十分高兴。"

记者说："您的儿子竞选时说，如果他曾经撒过谎，就不要选他。您能不能诚实地告诉我，您的儿子是不是从来没有撒过谎？因为世界上再没有人比您更了解您的儿子了。"

卡特的母亲诚恳地说："说过，但都是善意的。"

记者追问："什么是善意的谎言？您能不能给我下一个定义，或者举一个例子？"

卡特的母亲笑了："比如说，您刚才进门的时候，我说'见到您十分高兴'。"

记者一听，灰溜溜地告辞了。

卡特的母亲温和有礼的回答中"暗藏杀机"，表达了她对记者

无礼纠缠的厌恶，这就叫绵里藏针。生活中有大量的话不用直接说出来，话里带出来就行了。还有一些不便直言的情况，得靠绵里藏针的方式表达出来。

有一天，歌德在公园散步，在一条狭窄的小道上碰到了一个狂妄无知的文学批评家。

批评家傲慢地说："我从来不给傻瓜让路。"

歌德不慌不忙地退到路旁，笑容可掬地说："我正好相反。"

假如歌德说"我也从来不给傻瓜让路"，势必会引起无谓的争吵；假如歌德默默地让到一旁，就等于承认了自己是傻瓜。而"我正好相反"这句话绵里藏针，在语言上、行动上好像是屈服，但在原则上却是针锋相对、寸步不让，而且把对方置于无可辩驳的"傻瓜"的位置上，真是睿智又俏皮。

使用绵里藏针的方法，关键在于你的"针"既要硬，又要扎得准，

您刚才进门的时候，我说"见到您十分高兴"就是善意的谎言。

有些话不必直接说出来，可以采用绵里藏针的方法，使道理深入浅出、不言自明。

真正击中对方的要害，使其有所顾忌，从而知难而退。

1984 年，里根为了竞选总统，与对手蒙代尔进行电视论辩。在论辩中，蒙代尔自恃年轻力壮，竭力攻击里根的年龄大，不适宜担此重任。里根回答道："蒙代尔说我年龄大、精力不充沛，我想我是不会把对手的年轻、不成熟这类问题在竞选中加以利用的。"这一绝妙的回答立即博得全场的热烈掌声。最后，里根获胜并当选总统。

面对年轻气盛的蒙代尔的攻击，作为长者的里根如果以牙还牙、破口对骂，就会有失作为长辈的沉稳持重、老谋深算的优势。但如果逆来顺受、装聋作哑，那么在蒙代尔的锐气面前，则又显得老气横秋、难有作为。为了争取电视观众，里根根据自己的长处和对方的短处，采取了将计就计、以守为攻、以柔克刚的策略，即在否定之中，以己之长，显彼之短，既显示作为年长者的足智多谋、宽宏大度，又委婉地抨击和映衬对方作为年轻人的浅薄和狭隘。他在讲话中明里说的是"不会利用对手的年轻、不成熟"，其实已毫不客气地、一针见血地道出了对方"不成熟"。这种轻巧、宽容的语气与内容的巨大反差不但带有浓厚的幽默气氛，而且在不知不觉中把对方推到了"攻击长者""不成熟"的位置上，充分反衬了自己作为长者的宽宏大度，以稳操胜券的姿态显示了自己的信心和实力。这不仅在论点上，而且在人品和形象上都有力地反击了对手，给观众留下了他比对方更能胜任总统职务的印象。

史密斯先生到了一个陌生的城市，他走进一家小旅馆，他想在这里过夜。

"一个单间带供应早餐一天需要多少钱？"他问旅馆老板。

"不同的房间有不同的价格。二楼的房间是 15 美元一天，三楼的是12美元，四楼的是10美元，五楼的房间则只要7美元，先生。"旅馆老板详细介绍道。

史密斯先生考虑了几分钟，然后拿起箱子要走。

"您是觉得我这儿价钱太高了吗，先生？"老板问道。

"不，那倒不是。"史密斯先生回答道，"我只是嫌您的旅馆价钱太低了而已。"

史密斯先生之所以再三犹豫之后决定离开，很可能是因为老板的定价过高，或者是自己囊中羞涩，但无论哪种原因，他都没有直接表露出来。当老板对他正面提出问题后，史密斯先生的回答幽默而委婉，也有暗暗讥讽老板贪心过重的意思。

这种说话方式就是柔中带刚，如同中国的太极拳，柔的是谈话的语气和态度，刚的是语言中暗含的强硬成分。

一天，有一位外交官看见美国总统林肯在擦自己的靴子，他便不怀好意地问道："总统先生，你经常擦自己的靴子吗？"

林肯知道对方不怀好意，笑道："是的，先生，你经常擦谁的靴子呢？"

这根非常锋利的"钢针"扎进外交官的心里，使得他非常狼狈，但林肯总统说得那样彬彬有礼，令他无言以对。

"绵里藏针"要注意不失礼貌，以"绵"争取人心，注意语气，要使自己进可攻、退可守，不失君子之风。

聪明人的巧妙批评法

· · ·

在人际交往过程中，我们难免会遇到与对方意见相左或是发现对方问题的时候。此时，如果我们直白地提出批评，想必双方都会陷入尴尬的局面。因此，我们在提出批评时要注意方式方法。这就需要我们在不改变自己原有想法的前提下，改变表达方式，让对方更容易接受。

张泉被某技术公司邀请去做报告，时间定在了某个星期日。这是张泉第一次独立演讲，他非常重视，并提前做好了各种准备，想让这次演讲能够做到完美，写出一篇出色的演讲稿就是准备工作之一。为了这篇演讲稿，他费尽了心思，经过多次修改、润色，终于完成了。为了更准确地把握听众的感受，张泉先让妻子细读了一遍，希望能从妻子这里得到良好的反馈。但事实上，这篇演讲稿写得并不出色，其最主要的问题是缺乏宣传、鼓动效果，与其说是演讲稿，不如说更像一篇普通文章。

妻子看完后是这样说的："亲爱的，如果你将这篇演讲稿发表在评论性的报纸上，一定会广受欢迎的。"这句话虽然是在赞美丈

夫的作品，但也隐晦地传达出了一个信息——这篇演讲稿并不适用于演讲场合。张泉听懂了妻子的暗示，果断决定放弃这篇他费尽了心血才完成的演讲稿，重新打磨，终于写出了一篇令人耳目一新的演讲稿。

试想一下，如果张泉的妻子直接说出"这篇稿子糟透了""它听起来太枯燥了，就像是一篇说明书""绝对不能用这篇稿子，没人会喜欢它"之类的话，那么结果又会怎样呢？想必很可能会以双方的争执而告终。

没有人喜欢被批评，当面的、直白的批评会让人们产生逆反、抵触的心理。巧妙的说话方式比尖刻的言语更能让批评达到良好的效果，这就如同在苦涩的药片外面包裹上一层糖衣之后，人们吃药时就能减轻痛苦，进而减少对药的抵触。

"胡萝卜加大棒"的方式也不失为一种良好的批评方法，将批

评隐藏于赞扬后，点到即止，减少尖锐感，让对方随着你的话语慢慢察觉到自己的错误。

约翰·卡尔文·柯立芝是美国的第30任总统，他素来寡言少语，但总能将话说得让人容易接受。柯立芝有一位女秘书，她常常因为粗心而犯错。一天早上，柯立芝看到走进办公室的秘书，便笑着对她说："你今天的这身衣服真是太美了，跟你这位迷人的小姐很相配。"寡言少语的柯立芝说出这番赞赏的话语实在太突然了，这让女秘书兴奋得满脸通红，不知如何是好。柯立芝接着说道："很开心能让你感到高兴，但我讲的是实话。不过也不要骄傲，我相信只要你以后稍加注意，你打印出来的文件一定会与你的衣服一样漂亮。"听过柯立芝的话之后，女秘书工作时果然仔细了许多。

柯立芝在批评前先进行了赞美，让批评自然而然地融入对话之中，不带有丝毫攻击性。但如果他当面直白地批评甚至贬损秘书，那么肯定会使秘书感到羞恼，甚至闹起情绪，影响工作，也就达不到理想的批评效果。

以不同的表达方式传递出同样的内容，得到的效果却截然不同。说话技巧高超的人，即使在指责别人时也能让对方感到如沐春风。

那么，如何巧妙地批评他人呢？有以下两个小方法。

① 含蓄委婉，保全对方的颜面

金无足赤，人无完人。人们难免会犯错误，在批评对方的错误时，我们要注意把握好批评的分寸：既要点明对方的问题，又要给对方留下足够的颜面。如果失了分寸，要么会让对方感到难堪，破坏了双方的关系，甚至导致一系列不可预估的严重后果；要么会引起对

方的逆反心理，对自己犯的错误不以为意。

　　某一天，餐厅经理高先生在例行巡视的时候，恰巧看见几个员工正在抽烟，而他昨天才强调了一遍禁烟管理规定。见此情景，高先生没有怒气冲冲地走过去并严肃批评一番，而是给每人都递上了一支烟，说道："兄弟，如果你们能到餐厅设立的吸烟区抽烟，我会非常感谢你们。"这些员工肯定都很清楚自己违反了规定，被高先生抓了个现行更是让他们意识到了自己的问题。如果高先生再严肃批评必然会让对方十分难堪。但是高先生非但没说什么，反而友好地递上了烟，暗示自己也有烟瘾，很理解他们，同时也委婉地指出了他们的问题。如果你的上司也能像高先生一样，想必你也会很敬重他。

② 不忘对对方进行肯定

　　俗话说："打个巴掌，给个甜枣。"用在批评上我们可以将其理解为在批评过后要做好善后工作，减少负面影响，简单来说就是批评后要进行安抚。

　　某报社的一位员工因为犯了一个错误而触怒了主任。主任气急败坏，狠狠地批评了他，用词十分严苛，让这位员工感到非常难堪。终于，主任停下了训斥，温和起来："好了，这件事过去了，你也不要有太大的负担，虽然你犯了错，但是你在这个项目进行过程中付出的努力也是有目共睹的。"其实，听了前面的话后，这位员工原本想要辞职了，但主任最后的谅解与肯定让他又平静了下来，决定努力工作，不再犯同样的错误。

　　只有找对方法，让良药不再苦口，才能够让批评者与被批评者不再水火不容。

第6章

因人而施，
跟任何人都聊得来

在与人交流时应因人而施。朋友交往需真诚，职场交往要专业得体，与陌生人交流则要保持友善礼貌。以因人而施的方式，可使我们与任何人都畅聊无阻，进而拓展人脉、丰富生活，成为更优秀的自己。

到什么山上唱什么歌

· · ·

俗话说："到什么山上唱什么歌。"作为一个成熟的社会人，应该懂得在不同的社会场合，面对不同的交流对象说不一样的话。只有这样，你才能八面玲珑、处处"吃香"。

那么，具体可以怎么做呢?

① 看性别说话

性别不同，交流的话题自然也不一样。另外，对于同一个话题，男女双方的接受程度也是不一样的，所以我们在说话的时候一定要注意这一点。

在现实生活中，如果你常常参与群体活动，就会发现人们往往喜欢三三两两地聚在一起聊天儿。而在这三三两两的抱团交流中，你又可以看见男士与男士交流，女士与女士交谈。一般情况下，男士的话题大而广，女士的话题小而窄。男士通常爱谈的是时事、政治、法律、体育、文化、社会问题、经济动向等，而女士则喜欢围绕着自己的日常生活展开交流，丈夫、孩子、购物、家庭琐事往往是她们交流的重点。所以说话者必须依据性别选择说话内容，努力使自己的言辞吻合接受者的性别需求。

② 看教育层次说话

人的教育层次不同，对说话者言辞的接受程度也不同。有些话说出来，甲听得懂，理解得了，乙就可能听不懂，理解不了。这就像一首意境高远的古诗，知识渊博的人看了沉醉其中，而目不识丁的人看了不明所以。所以，说话者在和人交流的时候，要了解与你交流的人教育层次如何，盲目地表达不仅达不到说话的目的，还可能弄巧成拙，贻笑大方。

在现实交往中，我们接触的人职业多样，身份不一，受教育程度也大相径庭。因此，如果你不能一下子确定其受教育程度时，所表达的言辞则应力求通俗化、大众化。那种故作深沉、"掉书袋"的做法是不可取的。

3 看性格说话

每个人的性格不同，做事的方法也会不同，对某句话的接受程度也不一样。因此，言辞表达的内容与方式必须因人而异，符合接受对象的脾气、性格，才有可能产生"同声相应，同气相求"的效果。

性格外向的人大多口若悬河，大大咧咧；性格内向的人则通常不善言谈，举止内敛。同性格外向的人说话，你可以侃侃而谈；同性格内向的人说话，则应注意循循善诱。两千多年前，孔子在说话的时候就很注重这个问题。有一次，子路问："听到了，就要去做吗？"孔子回答说："不行。"另一个学生冉求也问："听到了，就要去做吗？"孔子说："去做吧！"公西华听了大为不解，说："为什么同样的问题，老师的回答却截然相反呢？"孔子回答："求也退，故进之；由也兼人，故退之。"意思是，冉求平时做事好退缩，所以要常常鼓励他；而子路平时争强好胜、胆大妄为，所以得劝着点儿。由此可见，孔子非常睿智，他特别注意学生的性格特征，懂得因材施教。因此，我们在日常生活、公关活动中也要注意这一点。

4 看对方心境说话

你要学会察言观色，根据观察的结果判断对方的心情，然后根据对方的心情决定我们说话的内容。如果对方兴致高昂、精神愉悦，那么你可以跟他多谈一些；如果对方心情低沉、默不作声，那么你一定不要絮絮叨叨，让他堵上添堵。

总而言之，听者的心境会影响语言的交流效果，说话的时候分清楚状况才是明智之举。

⑤ 看地域说话

地域通常是指一定的地域空间，是自然要素与人文因素相互作用形成的综合体。不同的地域有不同的文化，彼此在认知、观念、习惯、风俗上都有区别，因此，对说话者言辞的接受程度就会有所不同。如果说话者在交流的时候忽略了这一点，那么难免会影响彼此之间交流的效果。

除了地域之间的称谓不同，各地方人们的习俗、喜好也天差地别。所以我们说话的时候一定要注意自己的措辞。

不同的民族有不同的民俗风情、表达习惯。而在同一民族，不同的地域之内，表达方式也不尽相同。比如都是汉族人，对土豆，有的地方叫马铃薯，有的地方叫山药蛋，有的地方叫洋芋。说话者如果不区分这些地域上的差别，就难以实现说话目的。有些严重的差异，如果分不清，甚至还会引发一系列的误会。

6　看文化背景说话

随着科技的进步和社会的发展，我们交际的范围越来越广。跨国家、跨民族、跨地区的交往对象也很常见。这个时候，我们就要考虑不同文化背景下说话的特点，这样我们说出来的话才能与特定的文化背景协调一致。

在社交场合中，首先要考虑的一个问题就是称呼。由于受文化背景的影响，人们对同一身份的称谓各不相同。如英美人习惯称已婚妇女为"夫人"，称未婚女子为"小姐"，在比较严肃的场合，一般将其统称为"女士"。

与朋友交往，把握好分寸

• • •

在漫长的人生旅程中，人要与周围环境中的各种事物打交道。但是，在所有的生活经历中，最耐人寻味的还是人与人的关系，而其中最广泛的关系要数朋友关系。人生在世离不开朋友，少不了友谊。英国哲学家培根曾说过："得不到友谊的人将是终生可怜的孤独者。"因为多一个朋友，等于多了一种信息源，多了一个保护层，多了一条生活之路、事业之路、快乐之路。

人生没有朋友，就像天上没有太阳。纯真的友谊不仅能使人获得上进的勇气，还能使人感到生活的欢乐。然而友情不同于亲情、爱情。亲情是天然的，由永恒的血缘纽带维系；爱情虽是后天培养的，但可以用家庭来巩固；友情则是无根而生的，真正的朋友之间没有共同的利益，只有相同的善意。

古人云："人生得一知己足矣。"在漫漫的人生旅途中，拥有几位相知的朋友会减少许多寂寞，增添许多快乐。礼物是你送我一份，我送你一份，我们每个人都有一份。而友情则是你给我一份，我给你一份，我们每个人都有两份。

想要维持良好的朋友关系，需要注意的有以下两点。

1 不可在谈话中为难朋友

虚心、坦诚和尊敬是朋友之间进行语言沟通的必备条件。为难朋友，逞一时之快，对双方都没有好处。你不愿朋友伤害你的自尊心，你也不可伤害朋友的自尊心。

2 不可听信朋友的一面之词

你从朋友那里听到的事情不一定可靠，也许还有许多隐情你不了解。话说出口就收不回来，要是随意把你所听到的一面之词宣扬出去，难免会颠倒是非、混淆黑白。

"李辉借了我的钱不还，存心赖账，真是卑鄙。"最近王东逢人就这么说。他说这话时当然是站在自己的立场。人都觉得自己是

对的，当然不容易把话说得很公正。事实上，李辉虽然借了王东的钱，但把房产证押在了王东那里。因为李辉资金周转出了问题，到期不能清还，只好延长押期，这也是王东当初同意了的。而今王东急于拿回现款，李辉一时无法立刻付清，这才惹恼王东，让他成了逢人就念叨的"祥林嫂"。既然有抵押物，哪能说李辉赖账呢？人与人之间的关系大都是如此复杂，如果不知实情，就不要信口开河。

想要维护朋友的形象，增进彼此之间真诚的友谊，可以运用如下具体方式。

① 少说"我"，多说"您"

古希腊大哲学家苏格拉底说："不要老是说'我想'，而是多询问朋友'您认为如何'。"的确，一般人在说话时总是将"我"字挂在嘴边。在一个鸡尾酒会上，主人在 5 分钟内用了 30 个"我"字：我的车子，我的别墅，我的花园，我的小狗……你想想看，这能不令人生厌吗？

亨利·福特曾说："无聊的人是把拳头往自己嘴巴里塞的人，也是'我'字的专卖者。"如果你在说话时，不管听者的情绪或反应，只是一个劲儿地说"我"如何如何，必然会引起朋友的厌烦与反感。如同驾驶汽车时，应该随时注意交通标志，我们在谈话时要随时注意听者的态度与反应。如果"红灯"已经亮了，你却仍然往前开，那么必定会闯祸。

多说"您"，这对你并不会有任何损失，只会让你获得朋友的好感，使你同朋友的友情进一步加深。例如，您认为如何？您怎样处理？您遇到这种情况怎么办？为什么会如此，您能举一个例子吗？

大多数人喜欢以自我为中心。你若能暂时放弃自我，而提出朋友感兴趣的问题，让朋友也发表见解，将会让你在人际关系上左右逢源。只有在满足朋友心愿的同时，你自己的心愿才能得到满足。

2 不要有意无意地排挤他人

谈话时排挤朋友，就像在宴会上赶走客人一样荒唐而不可思议。千万记住，让你的双眼环视着周围每一个人，留心他们的面部表情和与你谈话时的反应。在多人的聚会中，常有少数人被冷落。假如被你冷落的恰巧是日后对你事业前途有帮助的朋友，那将是怎样的后果呢？

因此，不要冷落任何人，即使他的言谈举止并不那么让你满意。"己所不欲，勿施于人"，应该想想自己被人冷落的滋味。要使别人觉得你的谈话洋溢着饱满的感情，从而产生兴趣，而不是在坐"冷板凳"。

3 要坚决改变以下不良的谈话习惯

①打断朋友的谈话或抢接他的话头。

②注意力分散，使朋友再次重复谈过的话题。

③对朋友的提问漫不经心，使朋友感到你不愿意为他的困难助一臂之力。

④不适当地强调某些与主题风马牛不相及的细枝末节，使朋友厌倦或感到窘迫。

⑤随便解释某种现象，轻率地下结论，借以表现自己是内行。避实就虚，含而不露，让朋友迷惑不解。

⑥连续发问，让朋友觉得你过分热心或要求太高，难以应付。

⑦当朋友对某个话题兴趣不减之时，你却感到不耐烦，立即将话题转移到自己感兴趣的方面去。

⑧忽略了表述的严谨、简洁，使朋友一时难以领会你的意图。

4　要随时注意说"谢谢"

作为一个普通人，总是希望自己的好意能得到朋友的理解，所以在人际交往时，对朋友的好意我们要及时表示感谢，这是一个招朋友喜欢的好办法。事实证明，在交往中，恰当地使用"谢谢"这两个字，会使你变得更有魅力。

①感谢必须是真诚的。你确实有感谢朋友的愿望时再去说，并赋予它感情，不要让人听起来觉得呆板，成为应付人的"客套话"。

②直截了当地道谢，不要含糊其词地嘟囔，不要因朋友知道你要向他道谢而不好意思。

③指名道姓，通过说出被谢人的名字，使你的道谢具有明确性。

④道谢时，应注视着被谢者。

总之，我们要坚定这一信念：友谊是建立在相互尊重、信任和支持的基础上的，只有双方都用心去经营和维护，才能让友谊长久而坚固。

 试着和领导这样说

•••

　　每个人都喜欢听到赞扬、恭维的话，上司也是如此，有效地赞美上司能够拉近你与上司之间的距离，增进彼此的感情。但赞美上司是有技巧的，如果言语不当，反而会弄巧成拙，甚至可能给上司留下"阿谀谄媚""曲意逢迎"的恶劣印象。

　　常先生经营着一家公司，效益不错，手下有一百多位员工。这天，为了表彰两位刚刚拿下一笔大生意的员工，常先生除了发放奖金，还请二人吃了一顿饭以示诚意。几轮酒过后，席间的氛围变得轻松起来，众人的话也多了起来。这时，其中一名员工说道："常经理真是英明，我从没有见过比您更有才能的人……"他的话还没说完，常先生就打断了他："别老说这些了，尝尝这道菜吧。"过了一会儿，另一位员工开口了："常经理，您每天有那么多的事情要处理，还经常有应酬，但您的气色每天都那么好，精神抖擞的，真是令人羡慕，为此我也得敬您一杯。"常先生听后和这位员工碰了碰杯，笑着说："我都习惯了，你也要好好干，我很看好你。"

　　同样是恭维话，第一名员工的话并没有让领导开怀，而第二名员工的话却让常先生比较受用，这是为什么呢？原因就在于第一名员工的话有些"假大空"，听起来没有什么诚意，而第二名员工的话是在一定的事实基础上说的，听起来很自然，让人感觉很愉悦。

一家公司内，老许的业务能力属于中上等，但是他十分擅长说恭维话，所以常常得到额外的重视。某段时间，公司即将有一位新的总经理上任，这位新经理是出了名的耿直人，特别厌恶那些溜须拍马的行为。于是，公司里的同事们都在说："老许这次肯定铩羽而归。"甚至有不少人等着看老许的笑话。然而，那些人却并没有如愿。

正式任职那天，新任总经理发表了一番慷慨激昂的讲话："我最厌恶那些不知道做事，只知道溜须拍马、奉承恭维的人，如果这些人得到领导的重视，公司还怎么运转？做人就应该认认真真、踏踏实实地做事，不要整天奉承巴结……"老板发言完毕，台下响起了阵阵掌声。

老许是这次欢迎会的主持人，在掌声渐息时他走到台前说道："全公司上下能有几个像总经理这样高风亮节的人？我们应该积极学习总经理的讲话精神……"

总经理听了老许的话面带笑意，微微点头，表示了自己的认同。

每个人都需要被肯定，新任总经理虽然言语上对溜须拍马的行为表示厌恶，但他对于普通的称赞肯定不会拒绝，因此老许选择了这种自然的方式进行恭维，既表现了他对总经理的赞同，又不至于触动总经理敏感的神经，招致对方的厌恶。

很多人认为，说奉承话的人都是"马屁精"，是奸诈狡猾的小人，其实这是一种误解。那些毫无本事、一味地奉承巴结、想要借此往

上爬的人当然应该被鄙视。但如果只是借此拉近人际关系，让自己的工作更好展开，那也不是一件坏事。事实上，如果仔细观察你就会发现，身边的人或多或少都会说一些奉承话，只不过方式不同，有的人说得直接、明显，有的人说得巧妙、自然。在人际关系越来越复杂的现代社会，说一些恰到好处的恭维话可能会对你很有帮助。

那么，应该怎样说才能让领导听着舒心，又不至于太露骨让人产生抵触情绪呢？

1　态度自然，显示真诚

在恭维、赞美对方时，如果你的语气不够自然，无法显露出真诚，那么无论你说得多么天花乱坠，对方都会觉得你是在刻意迎合他。既然无法感受到你的真心，那么你所说的话就难以说服对方，也就无法取得理想的效果。

② 道出具体事实，做到言之有物

　　我们在赞美、恭维上司时，应当举出具体事例，即赞美上司的具体哪个方面。只有针对具体事例进行具体的恭维和赞美，才能使上司更乐于接受。例如，称赞"您的工作能力是我们大家有目共睹的"，不如"您处理这次的问题时表现出来的果敢，真是让我们佩服哇"，这样的说法更能触动对方。

③ 语言切实，切忌范围太大、用词太绝对

　　"您是我见过的工作能力最强的人了""全国都找不出几个像您这样果断的人"……这类话语一听就很假，明显是在恭维对方，让上司觉得你是为了恭维而恭维，完全不是出自真心，也就不会对你产生好感。因此，我们在赞美、恭维上司时，要斟酌好范围、尺度。

　　赞美、恭维不等同于巴结、谄媚。其实，上司的那些优点只要不损害集体的利益，你都可以坦率地表达出你的赞美，这表示你对上司身上某方面的品质、特点的肯定与欣赏。上司也需要从别人的评价中去了解别人是怎样看待自己的，并以此调整自己。当你称赞他时，他会心生愉悦，进而对你产生好感。你能因此更容易受到上司的赏识，上司能以此获得愉悦，因此只要不违背做人的原则，又何乐而不为呢？

面对陌生人，谨言慎语

• • •

在与陌生人第一次见面的时候，有很多话题需要忌讳，其中最重要的一点就是不要揭人隐私、触人隐痛。如果你触犯了这个忌讳，就很有可能因一句无心之言而伤了彼此的和气，错失交朋识友的好机会。

悦悦大学毕业后，很幸运地进入了一家大型上市公司。有一次，她接到一个到外地出差的任务。在车棚里，她遇到一位来华旅游的英国姑娘。出于礼貌，悦悦先与对方打了一声招呼，因为她觉得，面对一个远道而来的外国姑娘，自己先热情地打招呼是有礼貌的表现。接着，她用一口流利的英语，大大方方地与姑娘聊了起来。

聊着聊着，悦悦就聊到了年龄的话题，她很爽朗地问对方芳龄几何。但英国姑娘听后显然有些不悦，敷衍地反问："你看我有多大？"悦悦感觉有些不对劲儿，便试图转移话题，说："依我的判断，你应该结婚了吧？"结果，此言一出，姑娘的脸色更难看了，她冷冷地看了悦悦一眼，把脸背了过去，不愿与悦悦继续交谈下去。直到悦悦离开，两人也没有再说一句话。

俗话说："酒逢知己，千杯不醉；话不投机，半句嫌多。"悦悦之所以和英国姑娘谈崩了，最主要的原因是她没有把握好分寸，涉及了对方的个人隐私。在国外，随便向人打听年龄、结婚与否等都属于不礼貌的行为。而悦悦并没有意识到这一点，所以她才在对方的雷区里盲目踩踏，以至于后来双方谈话的氛围降到了冰点。

面对陌生人，一定要把握分寸。那么，怎样才能把握好这个分寸呢？以下十点可供参考。

① 保持合适的身体距离

根据心理学家的研究，人与人之间的交往距离大致可以分为四种：亲密距离、朋友距离、社交距离和公众距离。在不同的场合和关系中，应保持相应的距离。例如，在正式场合应保持社交距离，而在私下或非正式场合可以稍微亲近一些。

② 注意非言语信号

除了身体距离，非言语信号，如面部表情、肢体语言和眼神交流也非常重要。确保你的非言语信号传达出尊重和友好，而不是侵略性或封闭性。还要注意态度，尽管热情可以拉近人与人之间的距离，但过度的热情有时会让人感到不适。因此，应保持适度的热情，避免给对方造成压力或不适。

③ 避免过于深入的话题

初次见面时，要避免讨论过于私人或敏感的话题，如政治观点、宗教信仰、个人财务状况等。不要询问对方不愿回答的问题或过分探究他们的个人信息。同理，在合适的时机和场合下，可以适度分享自己的经历、观点和感受，但要避免过于暴露自己的弱点或敏感信息。可以谈论一些普遍感兴趣的话题，如旅行、文化、电影等。

④ 适应不同文化背景

不同的文化对人际距离和交流方式有不同的规范。在与来自不同文化背景的陌生人交流时，要注意适应对方的文化习惯。

⑤ 根据对方的身份措辞

在与对方交谈的时候一定要"量体裁衣"。通常社交手段高明的人在与别人聊天儿的时候，不仅有对象意识，还有自我身份意识，说话非常得体，言语形式的选择也很符合自己的身份。他们在与陌生人交流的时候，语气诚恳，措辞严谨，且非常注重相关的礼节。与同辈亲友交谈的时候，他们则保持亲切、自然的态度，不会"一本正经"，以免有故作姿态之嫌。

6　避谈第三者的缺点

两个陌生人第一次见面，为了缩短彼此之间的距离，免不了提及双方都熟悉的第三者，这是与人顺利交谈的手段之一。但是，在交谈过程中还要注意，尽量不要谈第三者的缺点，否则会给交谈的另一方造成很不舒服的心理感受，而且背后说长道短也会让你的形象大打折扣，这对结交朋友没有任何好处。

7　不可人云亦云

在与人交谈时，一定要有自己的主见。反之，如果你人云亦云，所说的话就没有一点儿分量。如果别人说东，你就说东；别人说西，你也附和着说西，那么你不但不能引起别人的注意，而且可能使别人怀疑你的能力。在说话前要仔细分析事情的发展形势，将问题拔高到一个新的层次。要知道，很多事情并没有表面看上去那么简单，如果你不做深入的思考和探讨，那么很难有自己独到的见解。

8　保持谦虚谨慎的态度

在现实生活中，有些人比较张扬、浮夸，不论什么时间、什么场合，总喜欢炫耀自己，把自己摆在重要位置，言谈举止中流露出对别人不屑一顾的态度，这就违反了交际的规则。其实，与陌生人交往，保持谦虚、低调的姿态很有必要。因为你的一言一行代表的是你的内涵和修养。一句自夸的话往往是一颗丑恶的种子，一旦将其播入他人心田，就会长出令人讨厌的果实。

9　说话切忌冗长烦琐

啰里啰唆的交谈会让人反感，而简单明了的语言不仅能提高交

流的效率，而且能给别人留下做事利落、果断的好印象。所以，初次交流，言简意赅非常重要。

⑩ 给交流画上一个圆满的句号

俗话说："天下没有不散的筵席。"不管与什么样的人交流，最后都免不了要说一声"下次再会"。在这个辞别的环节，要注意一定的方式方法。如果你的方法不当，则可能破坏辛苦建立起来的友谊，给别人留下不懂礼貌的坏印象。

如果你与对方交谈正酣，有一些意料之外的事情突然出现，致使你不得不中途离场，这个时候，你最好不要把着急的神情表现出来，也不能匆匆忙忙地说出离别之言，以免忙中出错。最理智的做法是先听对方把话说完，然后再表达你辞别的意向。这样做既可节省时间，又可使对方对你产生好感，萌生相见恨晚的感觉，希望再次与你交谈。

总之，把握好与陌生人交往的分寸需要综合考虑多个方面，包括态度、言行举止、话题选择、隐私保护等。通过保持礼貌和尊重、注意言谈举止、避免过于隐私的话题、保持自信但不过于自负等方法，你可以在与陌生人交往时保持适当的分寸，有助于在对方心里建立积极的初步印象。

第7章

说话有禁忌，
危险雷区不可碰

　　说话禁忌务必牢记。不打断他人，尊重其表达；精准把握分寸，防止冒犯；找准场合时机，做到恰当发言；说话不可太满，要留有余地。如此方能避开危险雷区，使交流更为顺畅，让人际关系更加和谐。

不要打断别人的谈话

• • •

听人讲话时务必有始有终，但真正能做到这一点的人并不多。打断别人的谈话是一种十分失礼的行为。试想一下，谁会希望遇到这种人呢？当你与别人聊得正开心时，别人突然打断了你的话题，急不可耐地聊起了其他话题；当你正给别人讲笑话时，别人提前说出了笑点……你的兴致就如同一簇微弱的小火苗，一下子就被别人浇灭了，再也提不起说话的激情。所以，我们在人际交往中要学会倾听，不要总想着抢对方的话茬儿，也不要总以一些毫无意义的评论打扰对方的表达，更不要抢着替别人说完他想说的话。

小文是某公司的销售员，这次领导让他去争取某个新客户。出发前，上司一直强调这次的客户是从未合作过的新客户，对他们所在的公司还缺乏了解，所以交谈时要格外小心，不要让对方有任何不满。小文见过那个客户后，觉得对方文质彬彬的，很随和的样子，心中暗暗得意，觉得这次生意肯定没问题，于是放松了下来。

起初，双方的谈话很顺利，可是没过多久，客户看起来就有些不耐烦了。原来，小文有些急性子，总是怕对方没弄懂自己的意思，经常打断对方，而自己一直说个不停。因此，客户觉得很不舒服，于是最后干脆不开口了。但小文不知道对方的想法，他还以为客户的性情有些呆板，有些沉默寡言，抢话更频繁了。最终，这次的谈判失败了，双方之间的合作也化为泡影。

还有一个例子：于经理正陪着几位客户吃饭、谈生意，双方聊得起劲儿的时候，恰巧于经理的朋友也来这里吃饭，见到老熟人，便毫不见外地加入了他们，也不管他们之前在聊什么，一坐下就打开了话匣子："刚才我在街上看见……"于经理连忙暗示他不要说话，但他没察觉到，依然眉飞色舞地说个不停。客户见话题已经被打断，就不再插话，吃完饭就匆匆离开了。因为这件事，于经理的生意也告吹了。

心理学家认为，人们遇到事情时很多时候会选择向他人诉说，而且在其将事情全部说完之前，完全不想听其他人的意见。因此，我们必须学会倾听，做到不随意打断他人的话语。这样，对方会认为你很关注他所说的话，也很尊重他，从而对你产生好感，也会想听听你的想法。而如果你还没听完对方的话就直接打断对方，提出自己的看法，那么很可能会引起对方的反感。

因此，想要赢得好人缘，让他人喜爱你、接纳你，就必须彻底改正随意打断别人谈话的恶习。具体来说应做到以下几点。

①不要为争论细枝末节的事情而打断别人的谈话。

②不要用无意义的评论打乱别人的谈话。

③不要在别人谈话时随意插入不相关的话题。

④不要急于替别人讲话。

只有做到了以上几点才可能给别人留下好印象。

小姜在工地包下了一个新项目，一切准备就绪后，马上就要施工了，但是建筑材料还没有完全确定下来。某天，一位朋友毛遂自荐找到了他："听说你现在建筑材料还没有确定，看看我这里的建筑材料吧。"

"我确实打算开始施工了，但我已经预订了其他人的建筑材料，对方是……"

小姜的话还没说完，那位朋友就急不可耐地打断他的话，说道："我知道，对方是老胡，其实就是他告诉我这个消息的，但我还是想争取一下，所以就直接来找你了。"

"可我们已经基本谈妥了，而且我已经……"

朋友又一次打断了小姜的话："你已经向他预订了，价格也已经谈好了，这些我都知道，但我能比他的价格更低一些。"小姜对他一而再，再而三地打断自己说话的行为很反感，于是下了逐客令，没有向他购买。

其实，小姜还急需一批材料，但是这位朋友三番五次地打断他的话，因此，即便有需求，他也不打算向这个人购买。

通常来讲，随意打断别人的谈话势必会引起他人的反感，但这并不意味着自己只能做个听别人说话的"背景板""应声虫"。相反，巧妙的插话不仅不会产生坏的影响，反而能让交流变得更加顺畅。只不过插话需要讲究一定的技巧，很少有人能巧妙运用它。

具体来说，需要注意的有以下几点。

1　注意礼貌

无论何时，说话都是要讲求礼仪、礼貌的，插话时也不例外。你可以根据场合以"不好意思，我能插一句话吗？""抱歉，我能再补充一点吗？"等委婉的话语来吸引对方的注意或征得同意，然后再礼貌地表达观点或看法。注意不要使用过于生硬的语气，音量不要过大，而且所讲的内容也不宜太多，插话频率不要太高。要认清自己的位置：谈话者才是主角，你只是配角。

2　听懂对方的意思再开口

听懂对方的意思很重要。首先，能听懂意味着你已经倾听了一段时间，这就能给对方留下一定好感；其次，你对事情已经有了大致的了解，知道对方在说什么，减少了曲解对方说的话的概率，避免造成误会。

3　插话时机要选好

要打好靶必须保证枪能瞄准，要插好话必须选对时机。倘若没有"缝"却执意要插进去，必然会令人生厌，尤其是为了表达不同

的看法而插话时，更要先把握好对方的心境。如果对方正在兴高采烈地发表自己的想法，此时千万不能打断对方；如果对方正对你抱怨某事，你也要暂时控制住自己蠢蠢欲动的嘴巴，让对方能够充分地发泄出来。

4 　插话要插在关键之处

插话时所讲的内容应该与对方所说的话题密切相关，能起到补充的作用，并且要有一定的价值。如果不能"锦上添花"或"查漏补缺"，那么最好不要插话，因为对方原本讲得很顺利，你非要插话，讲的又是些无关大局的细枝末节，就很可能会导致对方对你有所抵触。

人们经常会有想要表达的欲望，但如果不顾时机与场合，不在意他人的感受，随意打断别人的谈话，必然会打断对方的思路，降低别人对你的好感，甚至产生误会。聊天儿不是比赛，不必争个输赢，所以为什么一定要打断对方的话呢？

把握好尺度的玩笑才好笑

• • •

俗话说："笑一笑，十年少。"开玩笑的作用显而易见，它能够使现代人紧绷的神经得到放松，让氛围变得轻松、活跃，令人与人之间的距离逐步缩短。因此，喜欢开玩笑的人通常也是人群中较为受欢迎的人。但是，开玩笑并非没有负面效果，如果玩笑开过了火，势必会引起人们的反感，让气氛变得尴尬。

愚人节那天，小晴和同事们都忐忑不安，就怕落入谁的"陷阱"之中，被大家取笑。好在一个上午过去了，办公室里风平浪静。午休的时候，婷婷突然冲进了办公室，面色焦急、气喘吁吁地大声朝小晴喊道："小晴，楼下刚才出车祸了，被撞的人好像是你的男朋友，现场到处都是血！"小晴听了这话大脑顿时一片空白，惊慌失措地朝楼下跑去。可谁知到了楼下一看，却发现一切如常，什么事情也没有发生。

小晴稍微冷静下来后，才想到应该直接给男朋友打电话询问情况。电话没过多久就接通了，男朋友告诉她，他刚才与同事一起吃午饭去了，并没有去找她。小晴终于放下心来，转身回到了办公

室。办公室里，婷婷正扬扬自得地跟同事们说着这件事，言语之间充满了成就感。同事们看小晴脸色不好看，都不好多说什么。只有一位同事问："这个玩笑是不是开得有点儿大？"婷婷满不在乎地说："不就是开个玩笑吗，有什么大不了的。"见婷婷如此说，大家都哑口无言。

想要维护好一个轻松和谐的办公氛围，同事们聚在一起开开玩笑、相互打趣是难免的，这也正是同事之间亲密友好的体现，更何况婷婷开玩笑那天还是愚人节。但是"物极必反""乐极生悲"，如果玩笑一旦开过了火，则很有可能导致双方不欢而散，甚至让友谊产生裂痕。

圆圆是一个性格开朗、工作努力的人，同事们都很喜欢她，但她却总得不到主任的欣赏，反而经常被主任找麻烦，圆圆对此感到很委屈。后来，圆圆的朋友看不过去了，提醒她："你有没有在言辞上不尊敬主任？"

听到朋友的话，圆圆猛然间想到了几件事情：刚来到公司时，主任对包括自己在内的所有人都很温和。时间长了，大家的胆子就大了，再加上圆圆平时就喜欢开玩笑，于是就用主任开起玩笑来。那天，主任穿着一身崭新的灰色西装来到了公司，但灰色的可不只是西装，衬衣、鞋子、领带，甚至袜子都是灰色的。圆圆看到后神态夸张地说道："主任今天换了一身精神的新衣服哇。"这话当然让主任很高兴，但是还没等高兴完，圆圆又补充了后半句话："活像只灰色的大老鼠。"

还有一次，同事去找主任签字，看到签名后同事不住地夸奖主任的字写得潇洒、漂亮。圆圆正好也在，听了这话在旁边笑着说："可不是潇洒吗？主任自己悄悄练习了好久呢。"这话一出口，办公室里的气氛顿时尴尬起来。

开玩笑确实可以拉近同事间的距离、缓和人际关系，但如果玩笑内容不恰当，甚至带有人身攻击的成分，那么只会破坏人际关系。圆圆虽然踏实肯干、聪明活泼，但就是因为不能把握好开玩笑的分寸，所以在工作上容易碰壁。

那么，应该怎样把握开玩笑的分寸与尺度呢？笼统来说，态度友善、言辞合理、分清对象和场合等都是值得注意的事项。但具体说来事项纷繁复杂，很难对其进行整理，因此人们反向总结出了一些开玩笑的禁忌，只要不触碰这些禁忌，那么掌握开玩笑的尺度这个难题就迎刃而解了。

❶　内容要健康，切忌污言秽语

其中包括两点。第一，内容上要健康，不要将低级当作有趣。别人的生理缺陷、忌讳之处、极为私密的问题等都不能拿来开玩笑。

玩笑的内容与开玩笑者的审美情趣、文化素养等密切相关，若将低级趣味当作玩笑，只会让别人认为你缺乏修养。第二，形式上要用语文明，不要使用污言秽语。

② 态度要友好，切忌以贬低他人来抬升自己

与人为善是为人处世的重要原则，在开玩笑的问题上也是如此。如果借开玩笑为名，行冷嘲热讽、发泄怨气之实，那么只会显示出自身修养的缺失，将他人推离自己。

③ 对象要分清，切忌无差别对待不同的人

长幼有序，男女有别，亲疏有分，性情有异。不同的人由于各方面的差别导致心理承受能力不同，可能对同一个玩笑产生不同的看法。我们对寡言少语、自尊心强的人要少开玩笑，与不熟悉的人开玩笑更要慎重。

④ 场合要选好，切忌不分时间、不分地点地随意开玩笑

开玩笑是件轻松、愉悦的事情，但要选择恰当的时机与地点。如果正处于庄严肃穆的场合，那么开玩笑明显不合时宜；如果处于喜庆祥和的场合，开玩笑本应增添愉快的气氛，但如果玩笑过度，只会令人扫兴，全国各地"婚礼"变成"婚闹"的事件还少吗？

与人相处需要玩笑来调剂，但如若失了分寸只会令人反感，让自己成为玩笑。如果同学考试失利你以此打趣，朋友公司破产你以此取乐，同伴生病住院你以此玩笑……这些本该抱以同情的事情变成了你口中的笑话，你怎么可能得到别人的喜爱？这样不仅会使对方尴尬，也会显得你冷酷无情。

直言直语最致命

"直言直语"往往体现一个人性格中爱憎分明、品性单纯的一面。这种直爽的人本来会得到大家的喜欢，因为这种直言直语的人能让这个社会的是非、美丑、善恶泾渭分明。然而，"直言直语"也可能成为一个人性格的致命伤。

小朋和小何总是喜欢互相开玩笑，才两天没见面，其中一个就跟对方说："你还没'死'呢？"对方也不计较，回一句："我等着给你送花圈呢！"两人哈哈一笑了事。

之后小朋得了重病躺进了医院里，小何到医院看望他，一见面，就又开玩笑地说："你还没有'死'呀？"这一次，小朋变了脸，生气地说："滚，你滚！"把他赶了出去。

此时的小朋在生病，本就承受很大的压力。可小何却在病房对一个难受的病人提"死"，显然是没考虑场合，人家怎能不反感、不恼火呢？其实，小何说这话是想逗对方开心，只可惜他缺乏场合意识，不分场合地随意开玩笑，把两个人的关系弄得很僵。

这个事例说明，有些人说话容易惹恼人，并不是因为他们不会

说话，而是场合观念淡薄所致。因此，最好的解决方法就是说话之前要仔细观察所处环境，在脑海中想好应该说什么再说出口，还要懂得不同场合对说话内容和方式的特定限制和要求，要时时不忘看场合说话。

在与人相处的时候，要考虑到所处的环境如何，才能沟通得更顺畅、更有效。不顾及场合的心直口快是要不得的。

有一部分人无论身处何地说话都是直来直去的，只顾自己心里舒服，丝毫不考虑别人的感受，这样往往会冒犯别人。

小风从参加工作开始就在他现在的公司，他为人忠厚老实，心地是公认的好，可是不知道为什么，他自从升了一级之后，就再也没调动过；和他同年龄、同时进公司的同事不是外调独当一面，就是成了他的顶头上司。而且，虽然他被大家认为是好人，但是并没有什么朋友，不但下了班没有应酬，在公司里也常独来独往，好像

不太受欢迎的样子。

说句公道话，小风的工作能力非常强，他的观察力、分析力都相当好。可是，主要问题就是他说话太直了，总是不加修饰，因此直接或间接地影响了他的人际关系。

一般"直言直语"的人性子比较直，心里没有那么多弯弯绕绕，说话时常只看到现象或问题，情绪来了"不吐不快"，而不去考虑旁人的立场、观点、性格。他的话有可能毫无根据，胡说一通，但也有可能鞭辟入里。对于胡说一通的"直言直语"，有时候对方明知是胡说，却又不好发作，只好闷在心里；鞭辟入里的直言直语因为直指核心，逼得对方只得举起盾牌保护自己，但若招架不住，恐怕就要在心里给这个"直言直语"的人记上一笔黑账了。所以，"直言直语"不论是对人还是对事，都会让人难以消受，于是人际关系就遇到了阻碍，别人宁可离你远远的，耳不听为净。

一般直言直语的人爱憎分明、疾恶如仇，他们的发言是站在正义的一方的，言语的爆发力、杀伤力很强，所以有时候这种人也会变成别人利用的对象。比如鼓动你去揭发某事的不法行为，去攻击众人口中的某个坏人。无论事情是否成功，你都会成为牺牲品，因为如果成功了，鼓动你的人坐收战果，你分享不到多少；如果失败了，你就会被推到前面来承受排山倒海的报复。

因此，在人际交往的过程中，能委婉地表达时，就不要直白、无所顾忌。

对于别人不当的行为、性格上的弱点，不要当面指出。对方都是成年人，不会认为你是"爱之深，责之切"，只会认为你存心要丢他的面子。

景景和好朋友小菲一起出去逛街，小菲在试衣服时，询问景景的意见，景景觉得小菲穿这件衣服难看，就说："腰粗的人就不要穿这种收腰的裙子了。"结果，小菲脸一沉，扭头便走，留下景景

在原地发愣。

景景无意中得罪的不光是朋友，还有同事。例如，她曾不止一次当着老板的面指点同事说："你的方案里错别字很多，以后要仔细些。"她或许并非有意在老板面前"邀功"，但同事可不这么想，怎能不尽量离她远一点儿呢？

虽然景景说的是实话，但这种事情发生得多了就有人造谣，说景景特别爱在上级面前贬低、打击别人，抬高自己……直到这时，景景恐怕才意识到自己的真诚并不那么受人欢迎。既然这样，又何苦"直言直语"呢？

讲话要分清 场合和时机

• • •

庄重与轻松，快乐与悲伤，公开与私下……不同的场合有不同的禁忌，我们应当选择与之相匹配的谈话内容和谈话方式，只有"因地制宜"地说话，才能让话语恰如其分。

《战国策·宋卫策》中记述了这样一个故事：

卫国有人迎娶新媳妇。新媳妇刚一坐上马车，就问赶车人："左右两边的马是谁家的？"赶车人回答："借来的。"新媳妇就对他说："鞭打两边的马，中间夫家的马也会跟着跑。不要鞭打中间的马。"车来到了夫家门口，新媳妇下车的时候，吩咐送亲的老妇人说："快去灭掉灶里的火，以免不慎失火。"走进屋内，新媳妇看到了石臼，又说："把它挪到窗台底下，放在这里会妨碍人们走路。"众人都认为她十分可笑。

其实，新媳妇的三句话都是善意的、对夫家有好处的，可为什么人们反而会认为她可笑呢？原因就在于那三句话与当时的时间和场合不相符。新媳妇还没有正式嫁入夫家，就管这管那、指手画脚，仿佛在这里当家做主了很久一样，这就是她的可笑之处。由此可见，

说话能否取得良好的效果，不仅与表达水平有关，也与对具体时间、场合的把握密切相关。在不同的场合，人们有不同的心境，这对说话者的表达和听者的理解都会产生相应的影响。只有在合适的时机说出恰当的话，才能取得最佳效果。

那么，我们应该怎样根据场合来说话呢？

① 要接受场合的制约

不同的场合有不同的禁忌，有些话在其他场合可以说，但到某些特定的场合就不能说，因此，我们要根据不同的环境进行适当的调整，这样才能使自己的话语适应现场的气氛，与人更顺畅地沟通。

有一次，某地发生火灾，消防战士们始终奔赴在救火的第一线。事后，一位记者想对当时参与救援的一位消防员进行采访。这位记者原本设想了这样一个问题："经过这次的事件，想必您对于人在生死之间的挣扎有了深深的感触，能说说吗？"但是在他即将问出

这个问题时，一些群众正好前来感谢这位消防员。当着群众的面问出这个问题显然是一种十分不礼貌的行为，还容易勾起群众对不幸遇难的亲人们的思念。于是，他将原来的问题改为："经过这次的事件，您对于人们共同奋力抵抗自然灾害有哪些感触？"这样一来，记者既能获得原本想知道的答案，又不会伤害到群众的感情。

很多时候，人们的言行举止都要受到场合的制约。

② 积极寻找恰当的场合

针对某些问题，寻找到恰当的场合再表达看法会更容易被人接受。

小芳不仅是国内一所知名院校的毕业生，而且业务能力出众，因此颇得领导器重。但她平时恃才傲物，认为别人都比不上她，与同事的关系并不融洽。虽然很多人劝过她，但都没有取得良好的效果。她依然我行我素，毫不在意旁人的感受。

这一年元旦的时候，领导邀请下属们到他家里聚餐，小芳也在被邀请的名单之中。虽然她很不想去，但碍于领导的情面还是答应了。在聚会上，领导找准时机语重心长地对她说："小芳啊，你的能力是咱们团队里数一数二的，我很器重你，但是如果你一直像现在这样无法融入同事之中的话，恐怕我也不能留你了，因为凝聚力是一个团队必不可少的条件哪！"小芳愣了愣，看着满屋子脸色凝重的同事，惭愧地低下了头，并诚恳地向他们道了歉，大家也都原谅了她。在那之后，小芳改正了自大的心态，与同事们相处得越来越好。在同事们的支持和帮助下，她成了公司的骨干。

寻找恰当的场合，创造良好的氛围，而后再进行一次有效的沟通，远比进行一次又一次无效的沟通更有价值。

3 注意语境

中秋佳节将至，几位年轻的领导干部一同去慰问单位的职工，这次前往的是一位退休的老工人家。寒暄过后，几人落座，其中一个领导问道："您老的身子看起来还真硬朗啊！您今年高寿哇？"

老工人乐呵呵地回答说："我今年都 81 岁啦。"

"我看哪，咱们厂里就数您最长寿了吧？"

"哪有，哪有，B 车间的老方活到了 86 岁呢！"

"那您老也能称得上是长寿将军了。"

"那倒是，唉，可惜老方去年得了场急病，没几天就去世了。"

"哟，那您可得留点儿神。"

一听这句话，老工人气得脸色骤变，毫不留情地起身做出了送客的手势。

年轻的领导说话时没有注意语境，让老工人误以为他是说该轮到自己去世了。说话如果不顾及对方的想法，不注意环境气氛，不到恰当的时机却急于将话说出口，则很可能造成误解，引起对方的反感。只要在沟通中多花一分心思，你就多了一分胜算，而这些细节往往能够决定你的成败。

话别说太满，承诺莫乱许

· · ·

许多人习惯把话说满、轻易许诺，但嘴上说得干脆，真正做起来却拖拖拉拉。把话说满却无法兑现必然会导致自己的信誉度降低，因此，说话时应给自己留有余地、不轻易许诺，这样才能让自己进可攻、退可守，始终处于主动地位。

老钟是一名销售员，售卖鞋子。他卖的鞋子可不是那些几十元、几百元的鞋子，而是均价上千元的"高级"鞋子。贵自然有贵的道理，这种鞋子透气性很好、结实耐穿、非常舒适，完全配得上它的价格。照理说，质量这么好的商品即使稍微贵些，也应该不缺客户，可事实却不是这样。老钟经常因为客户不多而苦恼，这是为什么呢？原来，他在向客户推销时经常这样形容："这鞋子结实耐穿，弹性特别好，刀割不烂，火点不燃。"听到老钟的话，客户们都来了兴趣，纷纷要求烧一下试试，老钟一看这种情况就着急地说："我就是打个比方，只是想说明鞋子质量好，可不是真能防火。"这样一来，客户们都觉得老钟说话不靠谱儿，自然不会去买他的鞋子。

老钟这样说无非是想吸引客户的注意力，但是他把话说得太足、

太满了，完全没有留下任何余地，只会给人留下不值得信任的印象。说出去的话就像泼出去的水，如果轻率说话、轻率许诺，只会丧失自己的信誉。

当别人托你办事时，请你先三思，冷静地思考一下，综合考虑事情的难易程度与自己的能力，判断自己能否办到，然后再告诉对方自己的决定，切忌毫不犹豫地答应。

生活中有许多人无法把握承诺的分寸，总是将"这事没问题，包在我身上了""我一定给你解决"之类的话挂在嘴边，但最后这样的承诺只会变成一条绳索，勒紧了自己的脖子。

某企业要评选员工职称，经理对员工们承诺，要让三分之二的

人都能成功晋级。但当他正式申报时，问题来了，名额是有限的，领导不可能将大部分名额分给员工们，这份申报被拒绝了。经理没有就此放弃，他据理力争，反复去找领导，说得口干舌燥，但问题依然没有得到解决。可他又不愿意将真实的情况告诉员工们，只能硬着头皮对他们说："放心，既然我承诺了就肯定办到。"

最后，职称评定情况有了定论，员工们看到公布的结果失望极了，经理一时间成了众人不满的对象。甚至有人直接去质问他："经理，你承诺给我的职称呢？"之后，经理在员工那里失去了信誉，同时领导也对他有诸多不满。

事物总是在不断变化的，时间的推移、条件的改变等都可能使原本轻松能做到的事情变得十分棘手。把话说得特别满或轻易许诺，表明你完全没有考虑过各种变化及可能遇到的困难。这样一旦碰到困难，就只能眼睁睁地看着之前的努力全都白费，从而使自己变成言而无信的人。许诺越多，问题越多。因此，我们无论何时都不要把话说满，更不要斩钉截铁地保证一定能完成，而是要留有一定的余地。当然，留有余地不是给自己的不作为找理由，而是为了不让对方从希望的高峰跌入失望的低谷。

有些人认为，如果说话时总是给自己留有余地，必然要思前想后，这样一来反而不能自然地沟通了。其实只要注意以下几点，就不会有太大问题。

① 不要说违背事实、违背常理的话

违背事实、违背常理的话明显是不可能实现的，一旦说出这样的话必然会留下漏洞，而且绝对无法反驳和辩解，这就如同亲手把

自己的话柄交给了对方。同时，这样的话也是最容易被人看穿、反驳的，会让人对你产生爱吹牛的印象。

2 不要说太过绝对的话

心理学研究表明，通常情况下，凡是带有极度绝对意味的话，如"事情绝对是这样的""这个问题我有百分之百的把握"等，都容易让人本能地产生一种排斥、怀疑的感觉。如"事情绝对是这样的"就没有"事情应该是这样的"更能取信于人。因为人们会不自觉地怀疑：难道事情完全就像他说的这样，没有任何偏差吗？因此，过于绝对的话反而不容易令人相信。

3 对自己有准确的认识

人贵有自知之明。认清自我、了解自我、正确看待自我是人们极容易忽略的地方，只有对自己有一个准确的把握和了解，清楚地知道哪些事情自己能做到，哪些事情自己完不成，才不会轻易开出"空头支票"，害人害己。

一个人的说话态度的确可以体现他的自信程度，但我们更要记住，说话是为了更好地与人交往，说话态度、承诺等都是为这个目的而服务的。如果把话说得太满或信口许诺，只会失去他人的信任，不妨学会言语谨慎，给自己留下一些余地，也给成功留下一丝空间。